運命を拓く ✕ 心を磨く

THE GREAT PERSON SHOIN YOSHIDA

遠越 段 著

SOGO HOREI Publishing Co., Ltd

はじめに

常識に凝り固まったものを変えていくとき、また、人生で八方塞がりになり、自らの殻を打ち破って状況を切り拓いていかなくてはならないとき、私は吉田松陰の教え、言葉を思い出す。

時代の常識を破っていったリーダー吉田松陰を私は師として生きてきた。

「もう、これまでか」とあきらめそうになったとき、どんなに落ち込んでいるときも松陰の教えに触れると、不思議とエネルギーが湧いてきて、新たな一歩を踏み出す元気を与えられた気がした。

松陰に学んだり、情熱的な行動につき合ったりした人は皆、その熱い心に溶かされてしまったように変わっていった。それぞれの持つ才能を生かして、世の中を、国を変えようとしていったのだ。

2

本当にたくさんの人に松陰は慕われていた。それは、役人だろうが、牢獄の番人だろうが、弟子であろうが、誰でも同じスタンスで接していたからだ。維新の立役者の一人ではあるが、松陰は現代の新しいタイプのリーダーともいえるかもしれない。

また、そういう松陰と同時代に生きた人々のみならず、私のような後世の人間の生き方に、松陰は多大なる影響を与えている。

30歳という若さで処刑され、その生を終えた松陰。しかし、彼の志はその後、弟子たちによって引き継がれ、明治維新の原動力となった。

混乱する幕末の中で、数々の偉人を輩出した松陰の教えと言葉。まさに混迷する現代の中で、道を切り拓こうとされているリーダーたちに捧げていきたいものだ。

遠越段

第二章

情熱

第三章

大志

第**五**章

道義

本文デザイン&装丁‥木村勉
DTP‥横内俊彦
校正‥矢島規男

至誠

great person
**SHOIN
YOSHIDA**

真心で生きよ

人に一番大切なことは、真心をもって生きていくということだ。

これは、親に対しては孝行となり、

君主(国家、組織、上司)に対しては忠誠となり、

友に対しては信義、友情となる。

このように呼び方は違っても、大切なのは一つ、

「真心」で生きるということである。

吉田松陰の人となりを一言で示せば、「**真心の人**」ということになろう。

真心とは、自分の芯からの誠実さということだ。この大和言葉を難しい漢語でいうと「**至誠**」ということになる。松陰は「**至誠にして動かざる者は、未だ之れ有らざるなり**」という孟子の言葉を信条にしていた。

おそらく歴史上の偉人の中でも、松陰ほどの「真心の人」はいないのではないか。自分の思い、情熱に対しても、家族に対しても、他人に対しても、目上の人に対しても、国家に対しても、ただ、真心を貫き通した。

これは他人から見れば、「狂気の人」にしか見えないかもしれない。あまりにも純粋すぎるから、そう見えるのだ。

私たちはそこまで狂えないかもしれないが、松陰の真心ある生き方に近づいていくことが、人生をよく生きたということになるのではないか。

本物の狂気の人にはなれないかもしれないが、狂ったように自分の情熱、思いに正直に、わが人生を真心で大いに充実させていきたい。

多くの試練に打ち克ち、日々鍛錬することで、人は本物になる

日ごろより心に期していることがある。それは、私は、

掘り出したままの粗鉱や磨いていない玉と同じであるということだ。

千回磨くことで玉は本当の名玉となり、

百回鍛錬することで粗鉱は硬い立派な鉄となる。

だからそれまで自ら自分を捨てることなどありえない。

試練と鍛錬を楽しみながら続けるのみである。

鉄や宝石というのは、何度も叩いて鉄となり、何度も磨いて宝石となる。

人間もある意味同じである。

試練を乗り越えることと日々の鍛錬で、本物の立派な人間となるのだ。このことをよく知っていれば、つらいことなど何もない。**試練が来れば、また大きな人間になると喜んでこれに当たればいい。**日々の勉強、鍛錬も、明日への成長のためである。このことを喜んで牢獄に入るところがすごい。

だから牢獄に入れられても落ち込むことはなかった。たとえ牢獄で死んでも悔いがないという覚悟であった。喜んで牢獄に入るところがすごい。吉田松陰はこのことをよく知っていた。

妹、千代への手紙の中で次のように述べている。

「私が牢屋においてこのまま死ぬことになれば、これは禍(わざわい)のように思えるかもしれないが、一方においては牢屋の中でも学問をすることもできて、これによって自分を高め成長でき、後世のためになる仕事もできる。そしてそれによってずっと影響を与えられるほどの人間となるかもしれない」

どこまで不屈で、前向きな人間であろうか。

心と体を元気で丈夫にしておく

武士は壮健に育たなくてはならない。

すなわち心も体も元気でいてこそ、

いざというときに役立つのである。

吉田松陰は、武士は壮健に育てよというが、これは、一般の人にも当てはまること
だ。松陰が、どこまで武道に励んでいたのかは知らないが、長く牢獄にいても壮健で
あり続けたのを見ると、**心と体は、やはり気力、志の大きさ次第**なのがわかる。

「私がやらねば誰がやる。自分は、こんなことでくたばってなるか。世の中は、私の
再起、登場を待っている」という気概があれば、心も体も元気になる。その気概があ
れば、武術の達人にならなくても自分の才能の分野で必ず役立つ壮健な人となる。松
陰が「佐藤一斎は儒学の才があるのであって、剣術の才ある人と代わることはできな
い」と言ったというが、そういうことだろう。

アメリカ渡航（黒船乗船）を企てて失敗したときの弟子に金子重輔（かねこしげのすけ）という人物がい
る。金子は病気となり、死んでしまうのだが、松陰の、彼に宛てた次の文章を読むと
涙が出る。

「国は侵略する敵を退ければ国民は甦（よみがえ）る。体も病気を治せば健康になる。体がよく
なれば心も意気盛んになる。意気盛んとなれば、どんな強敵も怖くなく、何でも成し
遂げられる。是非、よくなって一緒に志を遂げていこう」

いつも覚悟を持ち、油断してはならない

本物の武士というのは、行住坐臥、どんなときであろうとも、いつも覚悟を持ち、油断のないようにしていかなければならない。

吉田松陰は、武士は社会と国を守るために常に覚悟を持ち、油断してはいけないものだと説いている。なぜなら武士は、社会と国を守るために百姓から食べさせてもらっているからだ。

だから、起きていれば勉学し、この世のことを考え、あるいは社会に役立つ自分になるように励まなければならない。少しの無駄も許されない。

そして事が起きれば、社会と国を守るためには命をかけて戦い、行動しなければならない。これは、武士についてのみならず、私たち一般の人間についてもいえるのではないか。それが松陰の真意であろう。

というのは、**人が一人で生きられることはほとんどないからだ。すべてにおいて人の力を借りて生きていられる。**ごはん一食でも何人もの手によって作られたものできているのだ。

住む家も、お金を得る仕事もそうだ。ならばその覚悟を持ち、油断なく生きてやっと一人前となっていけるのだろう。

覚悟を決めた人には敵わない

世のために事を成そうという人物は（いわゆる志士は）、正しいことをやろうとして、命をかけて、身を捨ててかかるのである。どうしてうまく立ち回って身を守ることなど考えようか。考えるものではない。

いわゆる幕末の志士の中で、吉田松陰という人は、特別な存在であった。

なぜなら、最初から命など捨ててかかっていたからだ。

当時の志士には特徴のある豪傑が多かったが、松陰のように肝の据わった人はめったにいなかったようだ。

当時の豪傑中の豪傑というべき西郷隆盛も、勝海舟も、命をかけてはいたが、暗殺は恐かったらしい。西郷は、そのために犬をたくさん飼っていたし、勝は妾を何人か囲っていたという（妾を側に置いて身を守るのは勝らしい）。

松陰はそもそも剣に興味がなかったようで、自分が死んでも多くの弟子たちが、志を継いでくれるのがわかっていた。

事実、松陰が処刑されることによって、高杉晋作や桂小五郎の志が一致し、固まって、倒幕は師の弔いという面が生まれたというのは否定できない。

松陰ほどの覚悟までEXCEPTはできないかもしれないが、**覚悟を決めた人には、なかなか敵わない**のがこの世の有様である。

自ら進んでやらないと人格修養はできない

自ら進んで人格修養に努めなさい。

のんびりとした無駄な時間を、決して過ごしてはならない。

若いときは貴重だ。だから、時間を惜しんで学ばなければならない。

特に十代、二十代にボーッとしていては、一生うだつのあがらない人になってしまう。

例えば、山縣有朋は明治の陸軍トップとして権勢を振るっていた。

彼を俗な、ただ権力欲が強い人間と見る人は多い。

しかし、若いころ、このままじゃいかんと吉田松陰の塾（松下村塾）に行き、身分は低くても人格修養をして、ひとかどの人間になろうとした。自らを山懸狂介と名乗ったときもあった。

松陰の死後、松下村塾の大兄貴分の高杉晋作に従い、奇兵隊のリーダーとなったことで彼の人生は決まった。

このように、松陰に学び、その教えを守る人々に従うという自らの選択があったからこそその人生なのだ。全く何もしない人に実りある人生はやってこない。

すべては、自分から進んで学び、人間としての向上を図っていくのだと決意するころから始まるのだ。

心は公のものであり、皆つながり、そして永遠である

体は個人的なものである。心は公のものである。

私の体を使って公のために尽くす人を立派な人という。

公を使って、個人のために利用する人をつまらない小人という。

少しわかりにくいが、吉田松陰は元来、心や気、魂というものは公に属していると
みる。すべてはつながっていて、気が充実していくと、この世にさえぎるものはない
という（いわゆる浩然の気）。そして世の中のために尽くした人の魂は公の魂だから
永遠に残っていくという。また、死んでも、立派なことを考え、尽力した人の心は後
世に伝わると考えた。

一方、体自体は個人のものとみた。だから公のはずの心や気や魂を個人の体のため
に利用し、うまい汁を吸おうとする人は、死んだら何も残らず朽ちるものとなるのだ。
生きている間も、天や神は見ている。お天道様も見ているから、本当の幸せには遠
いものとなる。

心理学や成功法則でいわれている潜在意識理論では、心の中が悪いものであっても、
それが実現してしまうという。潜在意識というのはすべてこの世でつながっていて、
刻印されたことは実現されるのだということだ。

松陰の考える「心は公」のほうが、日本人の生まれついた国土と精神に合うように
思う。

08

お天道様はすべてお見通しである

宇宙の道理や人の心は明らかで、晴ればれとしている。

悪いことは決してしてはならず、しても栄えることはなく、

お天道様はすべてお見通しということである。

日本人の倫理観を表すと、このようになるのであろう。だから世界でも倫理観の高い国民性が生まれたといえる。

これに対して、天や神という怪しいものを持ち出してくるのは科学的ではないといって、戦後（第二次世界大戦後）、日本の倫理、道徳教育はないがしろにされてきた。ではキリスト教が科学的に正しいと証明されているのか？　科学も万能ではない。

また、こうしたお天道様や八百万（やおよろず）の神々を信じない、私欲しかこの世で認めない人々も多く移り住んできた。しかし、それでも、大筋のところでこの倫理、道徳の高さは、まだ社会の通念として残っている。学校でおかしな教育がなされても、人々は吉田松陰の教えなどを読み、大事なことを守ってきた。

だから日本はビジネス、経済でも、世界の上位を走っていられる。倫理、道徳の高さがビジネス、経済の成功の決め手となっているのだ。

松陰がいうように、**宇宙の道理やお天道様がちゃんと見ていてくれるということを信じれば、正しいことをやるのに怖いものはない。** そこを信じて進むだけである。

自らを戒める

人を戒め、意見をいう人が、

どうして自分を戒めなくてよいことがあろうか。

いつも反省し、自分を戒めなければならない。

吉田松陰のすごいところは、**自分で持て余すほどの情熱を持ちながら（一種の狂気）、自分を戒め、反省することがハンパではなかった**というところだ。

ちょっと狂ったふりをしたり、情熱があるように見せたり、威勢よく大声を出す人というのは概して自分を戒め、反省したりしないものである。

自分をいつも戒め、反省するから、人への戒めも説得力があり、言われた人も、あの松陰先生に言われたと喜んで反省する。

普通、人に注意したら、心のどこかに気まずさが残るものだが、松陰の場合はカラッとしていて気まずさも残らないようだ。

それは、誠心誠意、相手のことを思って言うことだし、自らについても厳しく戒めているのがわかっているから、言われたほうも「なるほどそうか」と真剣に聞き入れるからだ。

私たち凡人も、松陰のレベルを理想としつつ、自分を戒めながら、相手のことを思って、意見をしていくようにしたいものだ。

反求の二文字は、

これまで語られている偉い人たちのたくさんの教えの結論である。

つまり、すべての問題を自分のものとして、

自分を反りみて、考えて、反省していくのである。

かつて『鏡の法則』（総合法令出版）というベストセラーがあったが、この吉田松陰の言葉と同じことを述べた本である。

すなわち、**すべての問題の原因を自分に見て、まず自分を変えていこう**というのである。

すると、次第に周りも変わり始め、よい方向に向かうことになるというのだ。

孟子は、すべて自分の問題として反省していくことで、この世のものは敵対するものがなくなり、その人に従うようになるといった。なかなか難しいことだが、やってみると確かに効果はある。

吉田松陰も、そう見ていたと考えることができる。

何かうまくいかないことがあるとき、自分の誠や力が足りないのだとして、どう改善していくかを考え、実践していく人に敵う人などいなくなるのは、間違いないことだろう。

その進むのが、速い者は、退くのも早い。

功を焦ることはない。

吉田松陰は、真っすぐにやるべきことをやる人で、よそ見などしない。しかし、功を焦ることはないという。

すぐできあがるものは、壊れるのも早いと述べている。

だからといって、いつまでもできなくてよいとは考えずに、今できることを力の限りに尽くしていればいいのであって、それを続けていると必ず、目的は達せられると考えたのだ。

こうして見ると、大事なことは、狂うほどの自分で持て余すほどの思いの強さは、一時のものであってはいけないということだ。

ただの狂っている人や格好つけの人と違うのは、**強い情熱を持ち続ける**ということである。それこそが松陰的狂い方である。

そのために、いつも志や目標を忘れないように勉強に励み、仲間、友人たちと刺激し合わなければならないのだ。

功を焦らず、情熱を持って学び続ける人が事を成すのだ。坂本龍馬もただの太刀遣いで終わらなかったのは、情熱を持ち続け、学び続けたからであろう。

先人の魂に応えるために生きると誓えば、怖いものはない

どうして天照大神に霊魂がないであろうか。同じく歴代藩主もである。

私に誠が足りないために、それら霊魂は私に試練を与え、私の思いを挫いたりしているのだろうか。

天下に誰一人私を信じる者がいなくても、これら霊魂にさえ見守られ、それに応えるため生きていけば怖いものなどありはしない。

霊魂があるかどうかは、科学的に証明はされていない。しかし、霊魂は必ずあって、それこそが本質であることは、洋の東西を問わず、通説となっている。

オグ・マンディーノのベストセラー『十二番目の天使』での、「霊魂こそ人間の本質」であると、病気で死んでいく少年に語る主人公の話は感動的であった。

霊魂は残っていくものだという考えは、私たちに、勇気と、正しいことをやり続ける情熱を与えてくれる。

吉田松陰は霊魂の存在を心から信じ、それに応えるために自分は行動するとした。

だから、何も恐いものはなかったのではないか。

そして自分がもし死んでも、霊魂で必ずこの日本を守ってみせるといった。

念のためにいえば、怪しい新興宗教が語る霊魂は、松陰の考える「公のために生きていくための霊魂」とは全く違うものである。怪しいものの多くは、自分たちの利益、教祖と称する者の私欲を満たすことにつながる〝霊魂〟を語る。そんなことは本物の霊魂が許さないだろう。

必要なことを、心を込めて話すのがよい

わが性格はおしゃべりである。

多言は敬う気持ちを失い、誠実さが散り失せてしまいがちとなる。

だから必要なこと以外は、

できるだけ言葉として口にしないことを第一の戒めとしている。

吉田松陰が最も重視するのは誠である。

本当に心の中から、真心で物事を考え、やろうとしているのかどうかである。

真心さえあれば、遮（さえぎ）るものなど何もないと言い切る。

だから、真心とは違うことをいうこともよくないことになる。

すると、おしゃべり、多言は、どうしても必要でないことまで口にする傾向がある。

その場をつくろえばいいということも多く話してしまい、誠実な心や相手を敬う心が薄くなり、なくなりはしないかと心配する。

松陰は自分のことをおしゃべりだという。するとサービス精神旺盛となって余計なことまで口にしかねない。だから必要なことを心を込めていい、あとは口にしないようにしようと戒めているという。

言葉には大きなエネルギーがある。魂があるともいわれる。だから多くを発すると、エネルギーや魂が漏れて弱くなることになる。狂ったほどの強い思いを持った実行力のためには、あまりしゃべらないことである。

心の中で思いを強く持てば、感じる心も増してくる

心の中に思いを強く持っている者は、

外の事物、事象に対して感じやすい。

だから音楽を聴いて声をあげて泣く者があり、

花を見て涙する者もあるのだ。

吉田松陰は、**感じやすい人が伸びていく**と考えていた。そのためには志を持ち、素直な心になることをすすめた。

その志の中身については、**「心の中の思いを強く持ち、国家、社会、人の生きる道などのいろいろな考えをめぐらせていること」**とし、そういう人は、感じやすい人となると述べている。

だから心の中でいろいろ思っている人は、よい芸術を見たり、聞いたりしても、美しい自然を見ても涙するほどに感じやすくなるのだ。

松陰もよく涙したようだ。松下村塾で昔の偉人の話をしていても、感極まって慟哭したという。

幕府の取り調べを受けるため故郷の藩を出るときに、涙松という松並木で詠んだ次のような歌がある。

「帰らじと思ひさだめし旅なればひとしほぬるる涙松かな」

このように感じやすい松陰であったが、逆にいうと、よい芸術や美しい自然に触れて心を豊かにしていると、志や胸の思いもより強くなるのではなかろうか。

15

幸せは自分の心の中にある

禍（わざわい）や幸せは、天から降ってくるのではない。

神様から出されるものでもない。

すべて自分から見つけていくものである。

つまり、すべては自分の心の中にある。

吉田松陰は、富や地位というものは天が授けているもので、決して自分のものではないとする。だからそんな富や地位を追いかけても仕方がない、自分としては、ただ励み、やることをやるだけだと考えるのだ。

だから当然、幸せというのは天や神様から生まれてくるものではないと見る。

禍も幸せも自分の心の中にあるのである。

すべて自分がどう思うか、どうやっているかにかかっているのだ。

松陰はお金がなく、いつも質素な暮らしをしていた。江戸留学時代の日記を見ると、そのつつましさがよくわかる。もちろん実家の杉家もそうだった。地位的には藩の軍学者という立派なものがあったが、事を成すためにはこの地位を奪われても平然とし、**自分のやるべきことをやっているという満足感以上の幸せはないだろう。**

幸せ一杯であった。

それに親兄弟、親戚、友人、仲間、弟子に好かれ尊敬されていた。こんな幸せはなかったろう。

16

至誠は神をも感動させて動かす力がある。

吉田松陰の信条は至誠である。つまり、**心からの真心をもって全身全霊で尽くせば、この世で動かないもの、できないものなどない**と信じ切っている。

松陰の生き方も至誠一筋であった。

最後の最後まで至誠を貫いたため、死刑にもなった。死刑になったので至誠は神に通じなかったという人もいるかもしれない。しかし、松陰本人はとっくに命は捨てていた。わが命に代えてでも、日本を守り、日本を取り戻したいと願い行動した。そしてそれが実現されたことは歴史が証明している。

松陰は、天国から「ほうらね、至誠は神様を感動させ、動かす力があったんだよ」といっているに違いない。

日本には八百万の神がおられるという。その神はわが先祖、わが国土すべてが一体となったところに存在しているので、いちいち神様にお願いするまでもない。

それよりも、皆が自分の至誠の生き方ができているかどうかを、見守ってくださっているはずだ。

17

どんなに偉い人の本でもうのみにするな

四書五経などの経書を読むときに

第一に重要なことは

孔子や孟子などの聖者・賢者にこびへつらい、

すべてをうのみにしてしまわないことである

どんなに尊敬できる人の言葉や考え方であろうとも、自分が納得できなければ意味がない。そこで吉田松陰は、**聖人といわれる孔子や賢人である孟子でさえも、自分がおかしいと思えば批判せよ**というのだ。

この松陰の言葉は、孟子を学び、解説した自著の『講孟劄記』の書き出しの文であるから恐れ入る。時に、松陰二十五歳である。萩の野山獄という牢屋の中で囚人たちと勉強会を開き、孟子を講義した時の書だ。この書は松陰の主著ともなったが、「孟子」を題材としつつ、自らの思想を述べまくり、孟子さえもしのぐ迫力が見られる文章も多いと評価されている。

どんな聖人賢者にもおもねるな、こびるなという教えはその通りだ。

ただしかし、前提としての勉強と修養が批判・評価のレベルにまで学んでいけよ、あるいはそのレベルを目指していけよ、ということも含んでいるのである。

18

その人に最もふさわしい思いやりができる人になれ

仁の人、
すなわち人に心からの思いやりができる
最高の人格者には
この世で敵となる者は存在しない。

『孟子』に、「仁者に敵無し」（梁恵王章句上）あるいは「仁人は天下に敵に無し」（尽心章句下）とあるが、これらは吉田松陰が好んだ言葉としてもよく知られている。

仁者、あるいは仁人とは、どういう人なのか。

これは一言で説明するのは難しい。それこそ論語で孔子が教えていること全体を身に付けることができた人とでも言うしかないのかもしれない。ただ、それではあまりにも漠然としすぎるので、とりあえず仁人とは最高の人格者であって、人にも心からの思いやりができる人と定義しておきたい。ただし、孔子は『論語』で「仁者は必ず勇がある（勇者は必ずしも仁者ではない）」から、ただ人のいいだけの人物とはちがう。やるべきことはどんな障害があろうとも勇をもってやりぬくのである」と言っている。

ついでに言うと、仁者は最高の徳のある人であるから、その発する言葉も必ずいい。

しかし、言葉巧みな者は必ずしも徳があるわけでもない。口先だけの人間も多いから注意しなくてはいけないと孔子は教えている。

19

血気や怒りだけにもとづく行動は慎め

血気は最も事の成就を害してしまう。

怒りにまかせた暴発も同じである。

しかし、もっと悪いのは、血気にはやるふりや

怒りにもとづく暴発をしているように

みせかけることである。

血気とは、人としての徳を欠いた本能的な勢いや元気にまかせたことをいう。何が正しいかなど考えずに暴発し、自己満足することでもある。そして血気は、やらなくてはいけない事、やろうとしている大事なことを一瞬にしてダメにしてしまうのだ。

もっとも松陰が注意するのは、世の中には、何も考えずにおもしろそうだとか、さらには自分の力に全く自信のない者が存在感を出したいがために群れて喜ぶような、これらの者たちが世の中に害を与えるというところなのだ。それは、人間の弱い一面でもある。特に若い時は大言壮語し元気いっぱいであるのに、年を重ねていくにつれしおれていくことも指摘できる。孔子はおもしろいことを言った。

「若い時には血気が定まらず情が激しくなって男女関係に乱れやすいので注意せよ。壮年の時は血気が強く盛んだから争いなど起こしやすいので注意せよ。逆に老年になると血気がおとろえるので財欲のみが強くなってしまうので注意せよ」と。

だから孔子は、こういう血気などに左右されないために、正しい志をしっかりと立てよ、そして学び、君子、淑女となれと言うのである。

20

誠なくしてよきことの真の成就はない

世の中に役立つ事をなし遂げられるのは、

誠という徳によってである。

　誠の徳は、現在では人として備えるのは当たり前のように言われている。この誠の徳に偉大なる力があると見たのが孟子であり、次のように述べている。

　「身を誠にする道あり。善に明らかならざれば、其の身を誠にせず、是の故に誠は天の道なり。至誠にして動かざる者は、未だ之れ有らざるなり。誠ならずして、未だよく動かす者は有らざるなり」と。これは、「わが身に誠ありと言えるためには方法がある。それは善とは何かを明らかにしていくことである。善を明らかにできない者は、その身を誠にすることができない。誠がすべての根源であって、誠は天の道（自然の道理）である。すなわち元来人の本性である誠を身につけていくのが人の人たる道なのである。したがってこの至誠をもって動かすことのできないものは、この世にはなく、また、誠なくして動かせるものはないのである」ということである。

　松陰は、この孟子の「至誠にして動かざる者は、未だ之れ有らざるなり」を全身で受け止め、自らの行動原理にまで高めた。

　「至誠」を貫き処刑された松陰だが、その心と魂は、今も人を動かし続けているのだ。

21

人にはそれぞれに価値と才能がある

天下に才能ある人がいないというのではない。

これを用いる人がいないためにわからないだけである。

何とかなしいことではないか。

松陰のここでの言葉の意味は、私たちにとってとても重いものである。

それは例えば、子を持つ親にとって、人の上に立つべきリーダーにとって、人を教える立場の者、学校の先生などにとって、さらには企業の経営者たちにとってだ。

松陰は獄中において絶望的な囚人たちを甦らせた。囚人たちのそれぞれの価値、才能を引き出した。

それは、教育（Education）とは個性を、才能を引き出し、育てるということと通じる。この子には、この人には必ず何かしら役に立つべき才能があると信じ、それを見いだし、伸ばし、活用させるという、教育者としての最高のお手本を松陰は示してくれた。

私たちも、それに一歩でも二歩でも近づくように努力していかなくてはいけないのである。

至誠なはなし　　「松陰」という名前の由来、他の名も

尊皇思想家の諡から拝借

「松陰」は、いわゆる号（本名とは別に使う名称）で、本名は矩方（のりかた）だ。「松陰」は江戸時代後期の尊皇思想家、高山彦九郎の諡（おくりな、死後に贈る称号）「松陰以白居士」からとったという説が有力である。

　江戸を遊学中の吉田が、その約50年前に亡くなっている高山彦九郎のことを知り、感銘を受けて「松陰」を使い始めたといわれている。高山彦九郎は、生きていた当時に常識だった江戸幕府や将軍家ではなく、天皇中心の世の中という尊皇思想を日本各地で説いていた人物だ。

松陰らしい熱い名も名乗っている

　松陰は自分の人生で21回全力を出すという決意を表した「二十一回猛士」という号も使っていた。これは「吉田」という字を分解し、また生家の苗字である「杉」の字を分解して「二十一回」という数字と回数の字をつくり、さらに幼名の「寅次郎」の「寅」→「虎」→「猛」で、「猛士」とつけたといわれている。

　全力で行動する、実行するんだという、松陰の強い決意を感じさせる名前（号）ではないか。

情熱

第二章

great person
SHOIN
YOSHIDA

22

心を尽くす

心を尽くすとは、心一杯のことを行い尽くすということだ。

ほとんどの人は、心を尽くしてやることはないから、

自分の心、自分の力がどこまであるかはよく知らない。

だから思いついた日からすぐに始め、

一日一日と狂ったように目一杯やってみようではないか。

人にはすごい力がある。

だが、誰も自分の本当の力はわからない。なぜなら、目一杯やったことがないからだ。だから吉田松陰は、狂うほどの情熱を持ち、それを素直に表現し、心を尽くしてみないかという。

一日それをやってみれば、「自分にはこんなにすごい力があって、信じられないくらいのことをやってのけられた。だったらそれをもう一日やってみよう」と思えてくる。

こうして一〇〇日、一〇〇〇日とやっていると、自分の本当の力が見えてくるのだ。

そして大抵のことは何でもできるようになる。

「諸君、狂いたまえ」と松陰が言うのは、そういうことだ。

本当に気違いになれというのではない。

自分を目一杯に信じ、情熱を溢れさせ、心と力を尽くしてやってみようではないかという自己変革のすすめであり、本当の自己実現のすすめである。

23

もとは皆同じ人間である。努力、向上するかどうかで変わってくる

自分を、くだらない人間と同じではないと決めるのは間違っている。

くだらない人間と同じようになりたくないと努力するのはよい。

そうすることで、うぬぼれ、傲慢から離れ、

自分を奮い立たせて前向きにしていくこととなるのだ。

よく人は、自分をその辺にいる者とは違うのだ、オレはできるんだ、と思いがちである。

だが、思うだけでは、結局、その辺にいる者と同じと思い込んでいるつまらない人間と同じになるだけだ。

人は皆同じように才能がある。ただその才能を見いだし伸ばしていくには、自分を奮い立たせて前向きにし、努力していくようにしなければならない。

そうなればしめたもの。その辺にいるくだらない人間とは違う人間として、成長していくことになる。

やるか、やらないかの差だけと吉田松陰は見た。実際、松陰に教わった人は、皆がそれぞれの才能を伸ばして、すごいことをやる人間となった。

例えば、何もなければ、色好みの田舎のオジサンになっていたであろう伊藤博文が、日本近代化の父として日本の憲政の道を開いたようにである。

24

目を輝かせよ。何かに挑戦し、やり遂げる目をしろ

人の精神は目に表れる。だから人は目でわかる。

だったら何かをやり遂げる目をしようではないか。

人を見る方法にはいくつかのものがある。吉田松陰は、過ちの仕方や、目を見て人物を測るという。

『葉隠』の中で、目を見ることで人はわかるとして、何百種類もの目の絵を集めて、それをもとに人物鑑定をしたという武将のことが紹介されている。それほどに、目は物をいう。

逆に、**何事か必ずやってみせるぞという強い信念と実行力をつける一つの方法は、目を輝かせ、必ずやってやるという目をすることだ。**

アメリカのある研究グループの調査では、前向きなしぐさは、その精神を前向きにするとしているが、これも目を輝かせることの効果を証明するものである。

吉田松陰は、身なりなどは全くかまわない人であったが、その目と言葉は、火の出るような情熱を宿していた。だから牢獄に入ったその日のうちに、鬼のような当時の獄吏も、先輩格の囚人も、松陰を見て、松陰の話を聞いて、すぐに涙を流して頭を垂れたという。

情熱の人の目は、やる気と実行力の目なのである。

25

勇気を持て

人は、勇気というものがないとすれば、

いくら思いやりの心や智恵が深くあろうとも、何の役にも立たない。

だから、勇気を持たなくてはならない。

勇気を持つことは難しいとされる。

新渡戸稲造は『武士道』の中で、「勇気は義のために実践されなければ、人の徳のうちに数えられるに値するものではない」といっている。

つまり、勇気はよいものに使わないと、危険があるということになる。

だが、この見方に間違いはないにしても、するとほとんどの人が、畏縮することも否定できないものがある。

本当に正しいかどうかなど、後々までわからないことが多いからだ。

だから吉田松陰は、**自らが考えて正しいと思うことについては意地を張れというし、とにかく勇気を持てという。**

とにかく勇気を持てといっても、わかりにくいので、自分の思いや情熱を狂おしいほどに高めていき、それでもって勇気ほとばしる人になれということだ。

そうすることで、はじめて自分のやるべきこと、やりたいことは実現できるのだというのだ。

26

勇気、正しい狂気は、義すなわち正しい生き方から生まれる

成長し立派な人物になろうという人の生きる道は、

義すなわち正しい生き方をしようと決断していくことしかない。

その義すなわち正しい生き方は勇気によって行われ、

またその勇気というのは、

義すなわち正しい生き方をする人によって成長していくものである。

「勇気は義のために実践されなければならない」との武士道の教えがある。勇気はその義によって成長していくものだと吉田松陰は述べる。

というのは、正しい道を進むためには、たくさんの障害を乗り越えなければならず、それにはどうしても勇気がいるからだ。

普段から学び、考え抜いた、そして鍛え抜いた義の道（正しい道）をひたすら進もうと松陰は説いている。この正しい道を進む勇気、ある種の狂気がある人によって事は成就し、世の中も変わり開けていく。

くれぐれも、間違った狂気を起こしてはならない。この間違った狂気は蛮勇であり世の中の迷惑でしかない。

松陰が持っていた**正しい狂気とは、正しい道をひたすら進もうとする日々の勉強と鍛練から生まれてくるものだということを忘れないようにしたい。**

27

世間の評判は気にせず、自分の正しいと思うことを真っすぐにやる

世間が人を褒めたりけなしたりする見方は、実態と違うことが多い。

それなのに、世間の評判を気にして、

表面的なことばかりを気にかけているようでは

本当に正しいことはできなくなる。

だから本当に成長する人というのは、

自分の正しいと思うことを真っすぐにやり、進むのである。

真っすぐに進む人ほど事を成す。余計なことを考えないから集中でき、やることをやってひたすら実践するから、世間からは「この人は狂っている」と見えるかもしれない。

しかし、それだからいいのだ。世間の評価というのはズレていることが多い。大体、時代から遅れている。だから狂っているように見えるのだ。

吉田松陰は、やるべきと思ったらすぐやる人であった。しかし、世間はそんな松陰を狂っているとしか見なかった。藩の軍学教授という地位が保障されていながら、友情のため、また、今見ておくべきことがあるのだという思いに駆られ脱藩をする。当時の脱藩は重罪であったが、それでも実行に移した。

ペリーの黒船に密航しようというのも、当時は国法に反する大罪であった。だが日本のためにはこれしかないと思い、実行に移したのだ。

松陰は当時の人にとっては恐れおののくほどの狂人だったかもしれないが、今は多くの日本人が尊敬をしている。

本当に正しいことをやり続ける人というのは狂って見えるのかもしれない。

28

人生で大切なことは長さではなく、何を成したのかだ

私は今年三十歳をもって人生を終わろうとしている。

まだ一つも事を成さないで死ぬのであれば、

穀物が成熟しなかったことのようであり惜しむべきなのかもしれない。

しかし、私自身の人生からすると、稲の穂が成熟し、

実りのときを迎えたのである。どうして悲しむことがあろうか。

なぜなら人の寿命にこうだという決まりはない。

むしろ、何をやってきたかが問題であり、

その意味で私はやるべきことをやってきたのである。

吉田松陰は三十歳（数え）で死刑に処された。

死刑が決まり、江戸、小伝馬町の牢で『留魂録』をしたためた。それは遺書であり、日本人への永遠の遺言として、今も人々の、日本人としての誇りを鼓舞し続けている。

その書き出しには「身はたとひ武蔵の野辺に朽ちぬとも留め置かまし大和魂」とある。わが魂はずっと日本のために尽くすという。

事実、最近の総理大臣も前の政権党幹部の多くも、三十歳で死んだ松陰を尊敬し、その教えを学んでいる。

松陰は、一日生きているなら、一日分の勉強と仕事をしろという。ただ生きて、何もせず食べて寝て遊ぶだけなら、生きている価値のない人生と考えた。もちろん人それぞれの生き方であるのかもしれないが、なるほど耳の痛い言葉だ。

今の日本は世界トップクラスの長寿国だ。しかし、人生はただ長ければいいのだろうか。松陰の人生を見ると、**やるべきことをやって生きなければならないのではない**か

と考えさせられる。

29

どんなにつらいときでも、自暴自棄になってはいけない

この世に生まれた以上、才能の高下、学問の深浅に従って、それぞれ志を持つべきである。

ただ、どんなに大変な状況、つらい状況に出会っても、自暴自棄になることは悲しむべきことである。

自暴自棄になってはいけない。

吉田松陰は、傍からは過激であるように見えたかもしれないが、ただの過激ではなかった。一つの大きな志に向かって、自分がやるべきと思ったことをやるのみだったのだ。誰が見ても「時を待つべきだ」というときでも、松陰はたとえそれがわかっていても、すぐ実行に移そうとした。これにより、一時、高杉晋作や桂小五郎らの弟子たちと絶交状態になってしまったこともある。

それは、松陰が牢の中から幕府の要人を討つ計画を実施しようとしたりしたので、松陰の身が危ないと思った弟子たちが行動を控えるように進言したところ、「諸君は手柄を立てようとするけれど、自分は、やるべき正しいことをやるのみ」と松陰が一蹴したためである。

逆に、高杉晋作が策に詰まってしまい、うまくいかないからとやけになって犬を斬ったという噂を聞いたとき、松陰はすぐに注意をした。血気にはやったフリをするのは一番よくない、と。つまりただの過激さ、狂気ではなく、正しいと思うことをやるだけという筋の通った過激さこそが重要であるということである。

どんな状況でも自暴自棄にならず、考え抜いた正しい情熱を持つべきである。

30

ニセ者が本物とされる世の中でも気にしない

俗世間では、名誉や利益を追い求め、

ニセ者が本物とされることがある。

そんなことは気にしないで、やるべきことをやっていこう。

本当にやるべきとき、誰が本物なのかわかるだろう。

大体、世の中はニセ者が脚光を浴びやすいものである。

なぜなら、宣伝するのがうまいからである。世の中に広まるのは、やたら目立ちたがり屋のニセ者に決まっている。

それを気にするようではいけない。

何のために、自分は正しいと思う道を進もうとしているのか。

世のため、人のためではないか。

国の将来のためではないか。

有名になるため、お金持ちになるためではないだろう。

もちろん有名になりたい人、お金持ちになりたい人はそれを目指せばいい。ただし、ニセ者はいずれ馬脚を現すことを知っておいたほうがいい。

それが早いか遅いかは天のみぞ知るだが、結局は真実が勝つようになっている。

だから、私たちが目指したいのは、一時の名誉やお金ではないはずだ。

31

自分がやれる精一杯のことをやって、天命を待て

人の生死も富も地位も天命である（天から授かったものである）。

だから自分で修業して鍛え、

力一杯のことをやってあとは天命を待てばよい。

つまり、自分のできることをやり尽くし、あとは天に聞く生き方は、

心ある立派な人物になろうとする者の生き方である。

『論語』の中に、「死生命有り、富貴天に在り」とある。すなわち、人の生死も富も地位も天命であるという。そして孔子自身次のように述べる。

「粗末な食事をし、水を飲み、腕を曲げて枕代わりとするような貧しい生活であっても、その中から楽しみが自然と生まれてくるものだ。悪いことをして人に迷惑をかけ、お金持ちになったり地位を得たとしても、私から見ると流れる浮雲のようにはかなく見える」と。

この教えを前提に、吉田松陰は修業し、自らを鍛え、自分のできるかぎりの力を尽くし、正しいと思うことをやり、生死も富も地位も天に任せる人生を説き、本当にその通り実践した。 すごい人である。

松陰は、孔子の教えや孟子の教えを本当に実践した。こんな人は日本にしかいないのではないか。松陰のように、権力もお金も全く関係なく、命さえも天命に任せ、正しいことをやった人間がいるから日本は日本たりえたのだ。

これからも日本は、こうした〝狂気、愚直の人〟を生み出す国でありたい。

32

チャンスだ、いざ励め

好機（チャンス）が来たときは、しっかりと努力し、
それをものにしなければならない。

青年の志をむなしくしてはいけない。若いときこそ励むのだ。

チャンスには前髪しかないとよくいわれる。それだけ、チャンスというのは待ってくれない。一時のものであり、それを生かすかどうかは人生の分かれ目となるようだ。

しかし、もっと大切なことは、若いときには特に、努力に励み続けておくということであろう。

確かにチャンスというのは待ってくれないものかもしれない。しかし、不断の努力、向上なしにやって来るとも思えない。

逆に、不断の努力、勤勉さがあれば、チャンスは一度だけではなく、何度でもやって来てくれるに違いない。

だから、**チャンスとわかれば、精一杯がんばればいい。もしチャンスにうまくいかなくとも次を待てばいい。あきらめることが一番よくないのだ。**

吉田松陰の生涯を見るとわかる。「チャンスを生かすぞ、力一杯やるぞ」と思い、もしダメでもくじけない。「次のチャンスこそ生かすぞ、今度こそやってやる」の気概、気狂いを持って進めばいいのだ。

33

まずは自分の思いと情熱である

狂愚は誠に愛すべし。

吉田松陰は自らを「狂愚の人」と呼び、この狂愚ということを愛した。

狂愚とはどういうものだろうか。

松陰の言動から見ると、それは自分の思いと情熱に真っすぐなことなのであろう。

だから**小手先のテクニックとか、世間の常識というものに走るよりも、まずは、この自分の思いと情熱を大事にすべきなのだ。**

すると物事は案外うまくいく。

余計な策に右往左往することがなく、考え過ぎることもないため、目標に一直線に進めるからである。

だから人がバカだとか狂っているとか言おうが、自分の思いが正しいと信じていれば気にすることはない。

人の意見や昔の偉い人の考えはもちろんよく聞いて、学ぶことはあっても、自分の思いや情熱を無視しては本末転倒になる。

小賢しいエリートよりも、狂愚の愛すべき誠実な人が事を成していくのだ。

願わくば、心を尽くし、力を尽くし、全身全霊で今を生きてほしい。

人はいつ死ぬかわからないものである。

そうでなく、たとえ一〇〇歳まで長生きしようと、ただ生きていたという人生では
つまらない。

今というときこそが大切なのではないか。今というときの積み重ねが人生というも
のであろう。しかも、今を全力で生き、自分のすべてを出し切っている人が、どんど
ん伸びていく。今ある力の限界を知り、次に何が必要かもよくわかる。つまり充実し
た人生を送ることができるということになる。

吉田松陰は一日も休むなと言う。余暇やレジャーを楽しむなとはいわないが、その
ときも大切に、全力で生きてほしいものだ。**何をするにも意味ある人生につなげてい
きたい。**すると余暇もレジャーも休憩も、人生の大きな力になるだろう。

人生を後悔することなく、自分の人生を生ききったといって終わりたい。そのため
には松陰が身をもって教えた、「今こそわが人生のすべてだ」の気概で生きていき
たい。

35

狂気（自分が持て余すほどの燃える思い）はよいが、怒りはよくない

怒りを抑えることと、欲をうまく処理することの二つは、

英雄の工夫すべきものである。

欲をうまく処理することは、まだ簡単なところがあるが、

怒りを抑えることは難しく失敗することが多い。

英雄は、時代を切り拓く力がある。

英雄になるには、狂気のような、自分が持て余すほどの燃ゆる思いをたぎらせ、目的に向かって突き進み続ける必要がある。

吉田松陰はその英雄に、二つの工夫を求めている。

一つは、**欲を抑えること**。もう一つは**怒りを抑えること**である。二つとも英雄には難しいことではある。よく英雄は色を好むという。しかし、この色欲という私欲も過ぎると目的を邪魔することになるので抑えることも必要だ。ただ、色欲も含む欲を抑えるのは比較的できるが、怒りを抑えることは難しいと松陰は見た。

確かに日本を代表する英雄、豊臣秀吉や、世界の英雄ナポレオンも色欲はそこそこにコントロールできたが、怒りで冷静さを失ったときはうまくいかなかった。

この点、松陰は私欲も情熱も怒りもコントロールできた、歴史的に見ても稀有の英雄である。

狂うほどの情熱を持ち続けていても、決して怒りを爆発させて自分を見失うようなことはなかった。どこまでも大きな目標実現ありきの人であったのだ。

36

人情は愚直であることを貴ぶ。

愚直であればあるほど、人情はその人を好み、信頼する。

私は愚直という言葉が好きだ。

吉田松陰の「諸君、狂いたまえ」というのは、愚直一本で生きなさいということと同じであろう。

それほど愚直というのは難しいのだ。ただ真っすぐに自分の正しいと思う道を進む、真心で進む。そのためには心に燃え上がる熱い信念がなくてはならない。傍から見るとバカか狂っているように見えるだろう。

だから「狂いたまえ」と言うしかない。

しかし、バカか狂っていると最初に思われても、**人情というのは、愚直であることに惹かれる。愚直の人を信用し、愚直の人を頼りにする。**

なぜならそういう人は、正しい方向にひたすら進むだけの人であり、裏表なく、私心もないからである。そんな人に結局、この世は従うことになるのである。

だから**愚直こそ大成功への道となる**のである。狂気のような熱い思いを抱き続けることが大成功への道である。

37

義侠心ある人になれ

天下の志士、すなわち世を変えていこうという気骨のある人は、

人のために、世の乱れやもつれを何とかしたいと動く人である。

しかもそのために、自分の目の前の利益や名誉を求めるのではない、

義侠心がある熱情の人こそ世の中の宝物のような人である。

義侠心というのは今の日本では廃れた価値観に見えるが、そうではあるまい。侠気という言葉を誤用したためであろう。いつの間にか任侠系映画の売り文句になり、今や任侠とは一番遠いところにいる、目の前の利益のために人を脅かし、傷つける卑怯で最低の人たちの使う言葉のようになってしまった。

本当の侠気というのは、吉田松陰がいうように、世のため人のために正しいと思ったことをやる熱情ある心のことをいう。自分の利益や名誉は忘れて、正しいことをすぐ行動に移す勇気あることを指した。

与謝野鉄幹の「人を恋ふる歌」にある、「友を選ばば書を読みて、六分の侠気、四分の熱」は、まさに、このような義侠心ある人こそ最高の友であるということをいっている。

この義侠心ある人は、ある意味、狂気の人ともいえる。すなわち、自分の利を小賢しく考えるのではなく、正しいことをやるべきと思ったら我が身を忘れてその強い熱意で動いていく行動力ある人なのである。まさに松陰はそういう人であった。

38

自分の利益、自分のための欲などどうでもいい

公に背いて私に従うことなど私にはできない。

つまり国家、社会のためにどうすべきか、

役立つかだけが私の生き方で、

自分一身の欲のために生きるなど何度殺されてもできないことだ。

武士道というのは本当にすごかったのだなあと心から思う。

吉田松陰の、ここにある言葉のようなことを本当に考え、本当に実践する人が出たからだ。今の時代に、自分の欲を考えないことを本当に考え、本当に実践する人がいようか。

松陰が小さいとき、叔父の玉木文之進が学問を教えていると、蚊が松陰の体にとまり、松陰はそれを叩いた。すると文之進は怒り、松陰を徹底的に責めたそうだ。

「今、お前がやったことは自分の欲のために、公に奉じるための学問をないがしろにしたのだ」というのだ。狂っている。しかし松陰は心から詫びて、二度としないと誓ったという。

松陰は、その存在が公のためにしかなかった。しかし公のためといっても、国法である「外国行き禁止」などの厳格な定めも、正しくないと思えば、堂々と破る。

大切なのは、自分で考え抜いた、**本当に社会のためになる正しいこと**であった。このような松陰を止めることができるものはない。生命など惜しくないと考えているからだ。日本の正しさ、自分の考える正しさを突き詰めて考えて、あとはそれに突き進んでいく武士道は本当にすごい。

39

よいものを見たら感じる人が、必ず伸びていく

志がしっかりとしていて成長する人は、
よいものを見たら必ず何かを強く感じるものだ。

松下電器産業（現パナソニック）を創業した松下幸之助は、素直になれば、感じる人になれると言った。この、感じる人でないと、これから先のこともよくしていくことができないことになる。だから感じる心、感受性を持たなくてはいけないというのだ。

吉田松陰は、感じる人になるためには、志をしっかりと立てろという。確かに志の定まらない人は、よいものを見ようと何を見ようと、感じること、気づくこともあまりないだろう。

こうしてみると、志を正しくしっかりと持った上で、素直な心を身に付けていくと、感じまくるすごい人になるといえる。

この、**①志ある人かどうか、②素直な心がある人かどうか、**を基準にすれば、伸びていく人かどうかが、ほぼわかることになる。

逆に、わが生き方としては、この二つを持てば将来の展望は明るいことになるのは間違いない。

40

小さな失敗は気にしないで、小さなことでも全力を尽くす

大きな仕事をやり遂げるには、

小さな失敗があっても気にせず、前に進むべきだが、

小さな傷から大きな害を招くこともよくある。

だから小さなことでも全力を尽くしてやるのがよい。

小さいことの積み重ねが大きなことにつながる。

それを忘れずにいたい。

だから小さな失敗があったときは、真剣に反省して次に失敗しないようにすればいい。小さな失敗をもって大騒ぎする人もいるが、よく反省はしても、大騒ぎすることはない。ただ、小さなことだろうといって手を抜くことはいけない。全力でやるようにしたい。小さな傷が大きなことにつながることはよくあることである。

例えば、前の戦争（太平洋戦争）で、在米の日本大使館員が同僚の送別会へ出ていたために、宣戦布告文の提出を大きく遅らせてしまった。このため日本は卑怯であるといわれてしまうことになったという。外交の暗号が知られていたとか、アメリカも宣戦布告はほとんどしたことがなく、国際法として成立していないなどというのは、言い訳にもならない（外交戦略として）。このように、小さなミスにつけ込まれ、大ごとになってしまうのはよくあることだ。

どんなに小さく見えることでも、全力でかかることを肝に銘じておかなければならない。この癖が、大きなことも難なくやれることにつながるといえるのだ。

41

何度でも、成功するまでやってやるのだ

龍は、時を得れば天まで勢いよく駆けのぼり、

時を得なければ蛇となって地に伏して、屈するという。

しかし、私は、何度地に伏し、屈しようとも、

必ず龍となって天に駆けのぼってみせよう。

吉田松陰というのは決してめげない人である。

何度挫折しようとも、それは自分をさらに強くするための試練、いやチャンスの時が来ようとしているのだと見ていたフシがある。

こんなに強い人もいない。その強さは、使命感から来るのではないのだろうか。

「自分がやらねば誰がやる。だから、うまくいくまでやめてなるものか」という、強烈な使命感である。

日本を背負い、自分が必ず変えてやるという松陰ほどの使命感ではないにしても、大きな事業を成し遂げる人というのは、大なり小なりの使命感があり、事を成し遂げるまではあきらめない。

例えば、使命感に燃えた事業家として有名なのは、松下幸之助と本田技研工業創業者の本田宗一郎である。二人とも、自分には失敗などないと考えた。なぜなら成功するまでやめないからだと述べている。

自分は成功するまで何度でも挑戦してやると決意したとき、あなたも大成功者となれるのは間違いない。

42

一心不乱にやってみよう

人は一心不乱に物事に取り組めば、心乱れることはなく、心配事もなくなる。

たとえお縄になろうと、牢屋に入れられようと、首を切られようと怖くもない。

正しくやろうと思うことをやるだけとなる。

やることを決めたら、ただひたすら一心不乱に打ち込むがよい、と吉田松陰はいう。

そうすれば余計なことを心配することもなく、取り越し苦労をすることもなく、自分の考えた正しいことをやるだけとなるというのだ。

これは萩の牢獄内から妹の千代へ送った手紙の一文だが、この後すぐに江戸、小伝馬町の牢獄への移送が決められている。

しかし、松陰は、何も心配しない。

心配する妹の千代に、自分の強い決意を示し心配するな、という温かい言葉を投げかけている。

たとえ死刑となったとしても、何のことがあるかというのである。

孔子や楠木正成は、死後何年もたっているのに今の人に影響を与え続けている。自分もそのように勉強し、やるだけだ。かえって将来の日本のための礎となってやろうじゃないかという。その気迫はハンパではない。

一心不乱にここまでやると、どんなことも恐れなくなるのだという見本を示し、松陰は本当に明治以降の日本の礎となって、永遠の偉人となった。

43

意地を張れ

人間はどんな小さなことでも、

正しいか正しくないか、よいか悪いかなどについて、

わが信念を失ってはなるものかという意地を張る者でないと、

何をさせても大したことができず、

しっかりとしたこともやれることはない。

人から見ると意地っ張りのような変人に見えるかもしれないが、自分が考えた正しいと思うことに意地を張らないような人間だと、大したことは何もできないだろう。

骨がない人というのは、人の意見にすぐ左右され、人の見る目がどうかが気になってしまって役立つことができないものだ。

人の話をよく聞き、アドバイスは自分がよいと思えば取り入れるが、あくまで自分で決断していく。すべて自分が出発点であり、終着点であり、だから自分に責任があると覚悟している。

こういう自分の考えに意地のある人こそ、頼りがいのある人である。人は時に無責任に「狂うほどの意地っ張り人間」というかもしれないが、いいじゃないか。結果を見れば、どちらが正しかったかよくわかるだろう。

自分の正しいと思うことに意地を張っていく人がいなくなると、この世は恐ろしくなる。核となるものがなくなり、何となくムードや利害関係で動いてしまい、そうしているうちに皆が不幸になる社会となる。

正しく狂い、意地を張っていこうではないか。

至誠なはなし　　女性の影がない松陰の私生活。実は……

人知れず獄中で育んでいたのか

　30歳という若さで亡くなった吉田松陰。短かくも破天荒なエピソード満載の松陰だが、こと女性関係の話はまるでない。妻はおらず、実妹の千代や弟子たちの証言などにも女性関係のことは出てこないようだ。

　ただ唯一、彼の生涯で交流があったといわれている女性が、投獄された野山獄で出会った高須久子。名家の跡取り娘でありながら、父親や藩の要請に逆らったため投獄された高須久子と、倒幕思想の松陰の信条は少なからず一致したようだ。松陰が野山獄を出るときに久子が送った「鴫立ってあと寂しさの夜明けかな」という歌が残っている。（鴫とは松陰のことを指しているといわれている）

松陰のお食事事情は質素。ただ意外に甘党!?

　女性関係のエピソードと同じく、松陰の食事に関する話もほぼ残っていない。これは、食費を切り詰めて書物を買っていたからだそうで、そのように質素な食生活をしていたということは伝えられている。ただ、江戸に遊学中につけていた家計簿のような書物に「大福」という文字が何度も登場していたそう。多い時には1カ月に6回も書かれていて、松陰は甘党か、勉強ばかりして糖分が欲しくなったのかと一部ではいわれているそうだ。

大志

great person
SHOIN YOSHIDA

44

志がしっかり立てられれば、できないことなど何もない

生きる道が正しいかどうか、仕事や勉強の業績が上がるかどうかは、

志がきちんと立っているかどうかによる。

だから立派な人物というのは、必ず志を立てる。

この志があれば、気もこれに従うものだ。

この志気があれば、どんなに遠かろうと、そして難しかろうと、

できないことなどないのである。

『論語』の中に、「庭桜の花がひらひらと舞っている。それを見てあなたが恋しいとは思うけれど、あまりに家が遠すぎて」という古い詩がある。

孔子はこの詩を口ずさんで、そして言った。

「遠すぎて会えないというのは本当の思いがないからだ。本当の思いがあれば遠くても会えるものだ」と。

ここで孔子が言いたかったのは、何事も、やろうと思えばできるのであるということだ。それを、どう思い込むかということである。

つまり、吉田松陰の説明を借りると、志をいかに立てるか。そしてその志に率いられてやる気をいかに出すかにかかっているのだ。

この志気さえしっかり立てられれば、どんなに難しいことでも、不可能なことはなくなるという。

松陰のいう志とは、いかにして自分を成長させ、この世に、日本に、役立つ人間になるかということである。

45

志、目標に集中せよ

志や人生の目標を実現していくためには、

それに集中することが大切であり、

そうしないと勉強も仕事も勢い盛んとならないためうまくいかない。

人の能力にはそれほど差がある訳ではない。集中できるかどうかで、差が出てくるのではないか。集中すると力がつく。力がつくと面白くなる。もっと上を目指さなくてはならないと、という気持ちになる。

例えば、プロ野球を見てみよう。プロ野球選手はその面に関して才能のある人ばかりである。しかし、その中でレギュラーをとり、一流となれる人は数少ない。

その人たちは朝から晩まで野球に集中して努力し、練習している。データを調べ、食事、栄養に気を配る。そして基礎練習をくり返し、野球以外のことはまずほとんどやらない。

体を休めたり、本を読んだり、ゲームをしたりするが、その中でも野球に役立つことを考えられる人が一流選手となっていく。これは他の仕事でも全く同じだ。吉田松陰のここでの教えからは、次の二つのことが学べる。

一つ目は、**人に才能の差はなく、あるのは何に向いているかということ。**

二つ目は、**向いている面で志を立て、それに集中するべきだ**ということだ。

46

小さくまとまるな

あなたの生き方や学んでおられることは、間違っていないと思う。

ただ、安易な気持ちで、つまらないこと、

道理から見てはずれたことに手を出したり、なじんだりして、

小さくまとまるような人物になってしまわないように、

気をつけてほしいのだ。

「小さくまとまる」とは、どういうことをいうのだろうか。

吉田松陰の考え方からすると、時代を動かしたり、世の中に大いに役立つことをする人が大きな人物で、ちょっとしたことで利益を出して喜んだり、人に気に入られて平穏無事な人生を送るような人のことを、小さくまとまる人間というのだろう。

それも悪いとはいえないが、どうせならもっと大きく世の中に役立ってほしいというのが松陰なのである。

そのためには、少々嫌われようが、ちょっとあの人は狂っているのではないかといわれようが、真っすぐに自分の志に正直に生きてほしいと願う。

大器晩成ともいうが、これは何もしないのではなく、ただ自分の考えた正しい道を、わき目も振らず、ひたすら進む人のことをいう。

こういう人は、初志を貫徹し、事を成し遂げる大きな人物となっていくのだと松陰は考えた。

47

自ら悲観し、あきらめてはいけない

志ある立派な人物になろうという者は、全身全霊で打ち込んで、今やるべきことに全力を尽くさなければならない。いたずらに自分たちを悲観し、あきらめるようなことがあってはいけない。

何事かを成し遂げる人は、自分からあきらめるということはしない。

もちろんいろいろな障害があるが、それを乗り越えていく。時には自分の力ではど
うしようもないことが起こり、いったんは止まらなければならないこともある。

しかし、これは自分から悲観してあきらめるということではない。

例えば吉田松陰は、下田から出るアメリカ行きの船に乗り（密航して）、アメリカ
で学び、それを日本に持って帰ろうとしたが、鎖国の法が厳しく実現できなかった。

その前は長崎に行ってロシアの船に乗ろうとしたが、すでに出航していた。

この松陰のあきらめない思いを受け継いだ高杉晋作が上海に行き、伊藤博文はイギ
リスに行った。そして外国を見聞したことが、倒幕、明治維新、文明開化という新し
い時代を創っていく動きにつながっていったのだ。

松陰のあきらめない思いが、弟子たちによって実現されていったのである。

48

旅をして気を養う

だいたい、心ある立派な人物になり、事を成そうとするためには、

志気を高めているかどうかだけが大切なのだ。

志を大きく立てるためには、

特に優れた、めったに会えないような人に会い、

気を養うためには有名な山や川、大地を旅することである。

ここでの吉田松陰の言葉を実践するにおいては、前提が二つある。

一つは、「感じる心」を持つということで、もう一つは、普段から勉強し、物をよく考えているということだ。

以上を前提にして、物事を成すためには志を大きく持って、気をしっかりさせることが必要である。

この志気がしっかり定まると、この世に実現できないものなどないというのが松陰の見方である。これは孟子も、松陰より前に活躍した幕府の大儒者、佐藤一斎も、同じ趣旨のことを述べている。

松陰がユニークなのは、「具体的にこうすれば志気も高くなる」と教えていることだ。これは自らの体験から導き出しているのであろう。

志を高くするには、特に優れてめったに会えないような人物に会うことをすすめ、気を高くしっかりと張るためには、旅に出て有名な史蹟や有名な土地、川、山などを見て歩けというのだ。

49

私は私の道を進む。君も君の道を進むのだ

君は君だ。私は私だ。人は何とでも言え。

自分の進むべき道を真っすぐに進むのだ。

自分は何のために生まれてきたのか。

吉田松陰は、それは自分の人生を歩むためであると考えた。

だから人の言うことを気にして、自分の生き方や自分の道を変えているようでは何事もできない。誰の人生なのか、わからなくなるだろうと説く。

自分の道を真っすぐに進むことは、つらいことでもある。周りの人、世間の人は、変な人、狂った人と言うだろう。

でもいいじゃないか。人には言わせておけばいい。人も真剣に考えて言っているわけではない。自分にやれないことをやろうとする人間をうらやましく思ったり、「あの人だったらこの世を変えてくれるかもしれない」と期待したりしているものだ。

だから狂ったように自分の情熱を湧き立たせ、余計な雑音を吹き飛ばすぐらいの気構えが必要なのだ。 これはただの狂人ではない。自分の道を真っすぐに進むための情熱の発露の結果なのだ。狂ったかのように見える熱情なのだ。この狂気が事を成していく。自分だけでなく周りを変えていくのだ。

50

不退転の人は最後に勝つ

もし、剛直で決してくじけず、

また、自分を信じてくれた人に背かなければ、

不幸にもうまくいかないときがあっても、

自分を信じてくれる者はますます多くなり、

再び立ち上がったときには、必ず思いを成し遂げられる。

郵 便 は が き

103-8790

953

差出有効期間
2024年8月
11日まで

切手をお貼りになる
必要はございません。

料金受取人払郵便

日本橋局
承　認

8863

中央区日本橋小伝馬町15-18
EDGE小伝馬町ビル9階

総合法令出版株式会社 行

本書のご購入、ご愛読ありがとうございました。
今後の出版企画の参考とさせていただきますので、
ぜひご意見をお聞かせください。

フリガナ お名前		性別 男 ・ 女	年齢 歳
ご住所 〒 TEL　　（　　　）			
ご職業	1.学生　2.会社員·公務員　3.会社·団体役員　4.教員　5.自営業 6.主婦　7.無職　8.その他（　　　　　　　　　　　　）		

メールアドレスを記載下さった方から、毎月5名様に書籍1冊プレゼント!

新刊やイベントの情報などをお知らせする場合に使用させていただきます。

※書籍プレゼントご希望の方は、下記にメールアドレスと希望ジャンルをご記入ください。書籍へのご応募は
1度限り、発送にはお時間をいただく場合がございます。結果は発送をもってかえさせていただきます。

希望ジャンル：☑ 自己啓発　　☑ ビジネス　　☑ スピリチュアル　　☑ 実用

E-MAILアドレス　※携帯電話のメールアドレスには対応しておりません。

お買い求めいただいた本のタイトル

■お買い求めいただいた書店名

（　　　　　　　　　　　　　）市区町村（　　　　　　　　　　　　　）書店

■この本を最初に何でお知りになりましたか

□ 書店で実物を見て　□ 雑誌で見て(雑誌名　　　　　　　　　　　　　）
□ 新聞で見て(　　　　　　　　　新聞)　□ 家族や友人にすすめられて
総合法令出版の(□ HP、□ Facebook、□ Twitter、□ Instagram)を見て
□ その他(　　　　　　　　　　　　　　　　　　　　　　　　　　　)

■お買い求めいただいた動機は何ですか（複数回答も可）

□ この著者の作品が好きだから　□ 興味のあるテーマだったから
□ タイトルに惹かれて　□ 表紙に惹かれて　□ 帯の文章に惹かれて
□ その他(　　　　　　　　　　　　　　　　　　　　　　　　　　　)

■この本について感想をお聞かせください
（ 表紙・本文デザイン、タイトル、価格、内容など ）

（ 掲載される場合のペンネーム：　　　　　　　　　　　）

■最近、お読みになった本で面白かったものは何ですか？

■最近気になっているテーマ・著者、ご意見があればお書きください

自分さえ不退転の気持ちを失わなければ、必ず人は、ついてきてくれる。

そしてたとえつまずくことがあっても、最後にはその人たちの力を得て、やろうとしたことは成し遂げられるのだという吉田松陰の叫びのような言葉である。

しかし、この通りの人生を松陰は送ったのである。このような松陰の不退転の生き方は、普通の人からすると狂気であるかのように見えるかもしれない。

まるで喜んで罪とされてしまうようなことに邁進するのだから、傍から見ている人からすると、神様か狂気の人に映ったに違いない。

この松陰の不退転で真っすぐな行動についていった人はだんだん増え、そして時代を変え、日本を守ることができた。

今、再び、このような松陰の不退転の生き方、狂気といわれようが、自分がやるべきだと思ったことを真っすぐに行っていく生き方に、多くの賛同者が現れている。

日本人はやはり捨てたものではないのがよくわかる。

51

今を楽しみ、ただ目標に向かうのみ

今ある境遇に不満もなく、今を楽しみ、天が見守る中で、

ただ自分の目標に向かってあくせくすることなく、

楽しみながら、進むだけである。

吉田松陰の、短いが、あまりにも濃く詰まった人生を見て、つらかったのではない
かと思う人がいるかもしれないが、それは違う。

松陰は楽しくて仕方なかったはずだ。なぜなら、ここの言葉によく表れている。

ただ信じる道を進んだからだ。それが、ここの言葉によく表れている。

今を楽しみ、今を全力で生きる。

自分が正しいと思い、やることは天が見守ってくれているのだから、安心して目標
に進むだけである。こんなに楽しいことはないだろう。

酒色を楽しむ人からは淋しいという声も出ようが、松陰は自分の与えられた役割、
使命をよくわかっており、酒色に溺れる暇はないとした。

しかし、他人にそれをダメとはいわない。人のそれぞれの道、やり方を認めている。

現に高杉晋作や伊藤博文などは女性好きで有名であるが、それを注意していた様子は
ない。

わずか三十年の人生で何度も牢獄に入っているが、大いに楽しんだ人生だったの
だ。

52

一生懸命にやって、それを積み重ねていって世の中は変わる

天下国家の重要事は、一朝一夕に変わりよくなることはない。

何年もかかって至誠で行動をし続けていかなければ、

できるものではない。

よく一時の興奮で吠える人がいる。

「世の中を変えるぞ」と。

そんなものではないと吉田松陰はいう。

世の中を変え、国を変えていくのは、一朝一夕ではできないのだ。何年も、真面目に一生懸命に打ち込み続けて、その積み重ねがないとダメなんだと述べる。

だから一時、気が狂ったかのようにやるだけではダメで、心の中からの情熱をもってやっていこうという。

気が狂っているように見えるのは他の人から見ての話であって、本人は、至誠で真面目にやり続けているだけである。

正しいと思うことであれば人が何といおうとやり続けるのだ。

また、積徳積善（徳や善行を積むこと）でなくては大事なことはできないというが、この積徳積善も他人にはわからないことが多い。

しかし、自分の良心と天はその正しいことを知っているのだ。

53

武士道を貫け

武士たる者は、今すぐにでも命令があったならば、

槍をひっさげて馬に乗り、火や水の中に駆け込まなくてはならない。

だから暴飲暴食をしたり、

過度に男女の欲情に溺れたりしてはいけない。

また不養生で病気になったり、

気が弱くなったりしては武士道にもとるというべきである。

面白いのは、もともと武士道とは、その名の通り武士の身分のある者に求められた正しい生き方を総じていうものであったのが、いつの間にか**日本人の精神の基本とな**っていったことである。

幕末、吉田松陰によって集大成された感はあるが、武士道とされた生き方は、下級武士や商人、農民の中の、心ある人によく見られた。

明治になると、この武士道は日本人全体を貫く、理想の精神となった。

このことは新渡戸稲造の『武士道』を読んでもよくわかる。

今の時代は武士道の生き方そのものはなくなってはいるものの、**私たちは、武士道を日本人の根底にある精神として忘れたくない。いや貫いていきたい。**やることはやる。そのために日ごろから自分を最高の状態にしておくべきである。

そして、ここぞというときには勇気をもって、正しい狂気で立ち向かっていくのだ。

それが充実した人生を送ることにもなる。

54

自分で正しい道を考えることが大事である

心ある立派な人間になろうとする者は、自分で考え自分で行動する。

すなわち自立の人とならなければならない。

人によっては価値が上がり、

また人によっては下がるというのでは恥ずかしい。

そんな人の価値判断なんか気にするものではない。

自立するとは、自分で考え、自分で行動することである。他人がどう思うか、どう評価するかは気にしてはいけない。また自分の生き方、進み方に介入させてはいけない。

自立自尊は福沢諭吉の言葉として有名だが、吉田松陰も早くから言っていた。この自立自尊は個人の生き方としても、国のあり方としてもそうあるべきだと訴えた。

例えば国のあり方として次のように述べる。

「国というものは自ら存在するものである。どうして外国に頼らなければならないのか。外国に頼り、ご機嫌をうかがうなどあってはならない。外国の指導など受ける必要などあろうか。ありはしない。そういう自立した国であってこそ、外国と対等につき合えるのである」

この松陰のはっきりとした思想と行動は、当時、狂っているとしか思えないほど過激だったのだろう。しかし、正しい生き方、正しい道を貫くためには、この狂ったような真っすぐな考え方が必要である。今、結果を見るとその狂ったような行動は、尊敬すべきものであると皆が思っている。

55

志は大きく持て

大きな人物になろうという人が、

書を読んで人としての正しい道を学んでいくにおいては、

その志は大きな心を持って、小さなことにこだわらないで、

俗世間のつまらないことを越えて、立てるべきである。

コセコセとして、

何の役にも立たないような人生目標ではいけないというべきだ。

私は、この文章を読むと先にも触れている『武士道』を書いて世界的にもよく知られた、新渡戸稲造のことを思い出す。

新渡戸は盛岡、南部藩の家老の家の子であった。南部藩は幕府側について戦って敗れたいわゆる朝敵である。そのため、親やまわりの者に、「薩長政府を見返す」といわれ、東京に出て、英語を学んだ。

しかし、札幌農学校に進むと、クラーク博士の有名な「少年よ大志を抱け」の言葉に従うかのように、薩長政府を見返すのではなく、「われ太平洋の架け橋とならん」と日本と米国の間を取り持つ人間になろうと志を立てた。

この**大きな志を持つことで、新渡戸稲造は大人物となり、米国だけでなく世界を相手にしながら、日本のためにその一生を費やした。**もし新渡戸が、単に日本国内での派閥争いに勝って出世することを志としたら、こんな大人物とはならなかっただろう。

吉田松陰のこの教えはやはり偉大である。

56

剛毅木訥であれ

文武両道の基本は、剛毅木訥、
つまり強い精神で飾り気のない雰囲気をよしとして、
生きていくことである。

文武両道は、もともとは武士道において、学問と武術（剣道など）の両方を鍛えていこうというものである。今の時代は「勉強とスポーツ」とされているが、「勉学の向上心と精神の健全性や強さ」と言い換えてもよいのではないか。

武術を行うのは、そもそも戦いに強くなるためであったが、江戸時代になり、平和の時代が続くと、それは精神の健全性と強さを高めることに変わっていった。

具体的にいうと剛毅木訥で、何ものにも動じない、正しいことを貫いていく姿勢を持つということである。これは同時に、向上心によって、正しいことの実現に向けてなすべきことは何かを学んでいくことと一致することになった。そしてこれも文武両道というようになった。

例えば勝海舟も坂本龍馬も剣の修業を死ぬほどやり、達人ともなったが、二人とも刀を抜かなかった。あるいは捨てた。しかし、学問、勉強に集中することにハマり、誰にも負けない強い人となっていった。正しい道と思うところを突き進んだ。

吉田松陰は、剣は大してやったとは思えないが、剛毅木訥を地で行く人で、文武両道の人と誰もが認めたはずだ。

57

一回の失敗なんて吹き飛ばしてしまえ

君は、鋭気を蓄え、志を養って、

一回失敗したからといって挫折なんてしてはいけないのだ。

失敗なんて吹き飛ばしてしまえ。

人は誰でも失敗する。

吉田松陰の人生を見よ。　失敗だらけではないか。

だが、**失敗するたびに、元気をさらに出し、志はさらに強まり、向かうところ敵な**
しの人になっていった。ちょっと恐いくらいの、狂気のあるような、熱い思いで一杯
の人間になっていった。

そんな松陰の父、杉百合之助がまたすごい。

松陰の何度目かの牢獄入りが決まり、もう帰れないかもしれないというときでも、

「牢獄に入るのは挫折でも何でもない。またお前が大きく飛躍するために、ちょっと
かがんだようなものだ」と笑って励ましたというのだ。

もちろん松陰はくじけない。

ますます鋭気を蓄えて、志を養って、やってやるぞと燃えるのであった。

こんな狂気あふれんばかりの男だからこそ、人は、この人ならば何とかなるとつい
ていったし、本当に国を変えていったのだ。

58

失敗の一つや二つ、気にしないでいい。大きく構えよ

あなたはまだ若く、才能にもめぐまれている。

だから志さえ失わなければ、何事もできないことなどない。

もしも、一つや二つ失敗したとしても、

それくらいでくじけてはいけない。

昔の英雄を見てみればわかるように、

難しいこと、困難なことが大きいほど、

大きな仕事を成し遂げられるようになるのだ。

大きく構えてやり遂げよ。

これは、吉田松陰が二十一歳のとき、友人へ送った励ましの文だ。

二十一歳の松陰に、「若いあなた」と呼ばれているのだから、相手は十代だったのかもしれない。

そして、ついでに自分を励ましているのかもしれない。

松陰は、**志や目的をしっかり持って自分を鍛えれば、誰だってその才能が向いたところで力を発揮できる、事を成していけると見た。**

松陰は心の底からそう信じていて、そんな松陰に励まされた人は皆、自分の才能を発揮していった。これこそ奇跡の教育といわれるゆえんである。

ここでも述べているように、目の前の困難や障害が大きければ大きいほど、その人の力も大きくなるという。

だから、できないことなどなく、あとは自分の覚悟の程だけとなる。

この松陰の言葉をいつも唱えれば、本当にできないことなどないと思えてくる。

59

時は貴重なものである

得がたくて、失いやすきものは時なり。

日本とアメリカの違いを一言で表すと「志の有無」ではないか。

アメリカあるいはイギリスなどのヨーロッパは、自分のお金、自分の自由と権利を大切にする。ひいては、国がそれを守れとなる。それが志とつながるといえなくはない。

それは、あくまでも個人が出発点である。だからアメリカ建国の父ベンジャミン・フランクリンは「時は金なり」という諺を大事にした。この大事な金について、イギリスは勝手に（アメリカ人の同意なしに）課税したと怒り、アメリカは独立戦争の後、独立した。そこから、個人の権利、自由は大事という幸福追求権の確立に至った。

一方、日本は国体、すなわち国全体の歴史、自然、神様を大切に思う。この全体（公といってもよい）をよくしていくために「自分が役立つ人間となるのだ、だから無駄にする時間はない、時を大切にしろ」と吉田松陰は教える。

今はもちろん、一人一人の権利、自由も大切だとされるに至っているが（故に「時は金なり」とされるが）、この「時を大切にしろ」も忘れてはいけない。

60

人は最初の動機、つまり何のためにするのかを、しっかりしておかないといけない。

最初の動機、何のためにするのかを間違えて、いい加減なことを始めると、人生取り返しのつかないことになる。あるいはかなりの遠回りとなり、もったいないことになる。

特に若いとき、青春のときは貴重だ。大きく伸びるときだ。このときに間違った動機で誤った方向に向かって進んでしまうと、後でなかなか挽回できなくなってしまう。

志を持つのは何歳になっても遅いということはないが、どうせ努力するのであったら、若いときから正しい考え方、正しい方向でやったほうがいい。ものによっては遅きに失することもあるからだ。

例えば戦後教育にどっぷりつかった私は、何と三十歳過ぎまで、反日教育通りの方向で勉強し、実践していたのだ。後にその間違いに気づいたとき、「私の青春は何だったのか」と後悔することになってしまった。

また、例えば英語を学ぶとき、ただ資格をとるためなのか、その先にある大きな仕事をするためなのかで、その後の人生は全く違うものになってくるのだ。

61

自分の中に宝物がある

人間は、貴き物すなわち本当の宝を自分の中に持って生まれてくる。

そのことをよく知ることが大切なのだ。

いわゆる中国の古典の中で、特に孟子は、人は善性を持って生まれてくるという性善説を説いた。しかし、それを本当に信じて実践し、この世にそれが正しいと証明したのは吉田松陰しかいないのではないか。

松陰の教えを、単なる理想上の言葉ということにせず、それを手本に、実践していくことが今の私たち日本人の一つの使命であろう。

松陰はどんな人でも、たとえ牢獄にいる囚人であろうと、それぞれに生まれ持った宝物のような才能があるとし、本当にそれを引き出してやり、世の中に役立てていった。

相手が子どもでも、何歳も年上の世をひがんだおじさん、おばさんでも変わることなく接し、その人たちを変えていった。こんなに勇気のあることはない。

それは「人にはみんな生まれ持ってきた財産がある」という、強い信念があってこそできたことなのではないか。

短い生涯の中、3度の獄中生活を

　吉田松陰は30年の生涯の中で3回も牢獄に入り、獄中生活を送っている。1度目は、あのペリーの黒船に乗船しようとして失敗したときだ。長州藩士の金子重輔とともに、下田沖から密航（黒船への乗船）を画策するも乗船拒否され失敗。海外渡航の罪を自首して、下田の牢屋に入れられ、江戸の伝馬町牢獄に移送。そこからさらに長州藩の野山獄に移送され、幽囚された。時に1854年。

　2度目は、老中・間部詮勝の暗殺計画を暴露してしまい、長州藩より野山獄に再入獄を命じられたときで、1858年だ。これは「安政の大獄」の弾圧に関連してのもの。

安政の大獄に巻き込まれ処刑される

　2度目の幽囚のときに野山獄から江戸の伝馬町牢獄に移送される。それが1859年。この伝馬町牢獄で3度目の取り調べを受ける。このとき、遺書である『留魂録』を獄中でまとめ、その冒頭に「身はたとひ武蔵の野辺に朽ちぬとも留め置かまし大和魂」という辞世の句を残した。

『留魂録』を書き終えた翌日に死罪を申し渡され、即日で斬首刑が執行されたのだった。

第四章

教学

great person
SHOIN
YOSHIDA

本当の勉強、学問は自分を磨くためにする

およそ勉強、学問をすることの要は、自分を磨くためである。

すなわち自分のためにするのだ。これが君子の勉強、学問だ。

これに対し、人に認められよう、出世のためにしようとする勉強、

学問は本物の勉強、学問とはいえない。

すなわち、つまらない小人の勉強、学問だ。

吉田松陰は、勉強、学問というのは、本来、自分の志気を高めていくためにすると考える。

これに対し、人に認められるためや出世のためにする学問というのは、小人の勉強、学問であって、本来のものではないことになる。

そうすると、「受験や資格をとるための勉強は、ダメなのか」との疑問も出よう。

松陰の考えの趣旨からすると、それは確かに本当の勉強、学問とはいえないかもしれない。

しかし、その受験や資格をとるための勉強が、より自分を高めていくためのものであると認識し、続けて向上させていくことで、本来の勉強、学問になっていくと見ることができるのだ。

つまり、**どんな勉強や学問も、とらえ方次第で本物となっていくのだ。** 受験や資格をとることだけで終わることなく、さらに自分を磨き続ける勉強、学問にしていけばよいのである。

63

重視すべきは実践である

立派な人になろうという者が重視するのは、

実際に身に付けた徳であって、持って生まれた才能そのものではない。

実際の行動であり、実践である。役に立たない学問ではない。

『論語』の中には、孔子の言葉として次のようなものがある。

「馬というのは、持って生まれた脚力があるから名馬と誉められるのではなく、その調教、学習によって得た名馬としての徳を誉められるのである」

つまり、「才能の有無ではなく、努力によって役に立つ実践力を身に付けていることが重要なのだ」ということだ。

吉田松陰も同じ趣旨のことを述べている。松陰がすごいのは、自ら実践して、教育の場でその正しさを実際に証明していくことである。

身分差というものがあった時代に、はじめからその目に身分は映らない。何をなす人であるかが重要であって、その人の才能を引き出して実践させていくことに関心があったのだ。

また、**人によって才能の発揮の仕方が違うのをよく理解し、人ごとに教え方を変えた。**

枠にはまらない高杉晋作には、のびのびとゆっくり大器を伸ばせといった。高杉はのびのびと好きなことをやって、大仕事を次々と実践した。

64

学問、勉強は一生続ける

真の才能も気迫も学問から生まれてくる。

博識で優れた人物というのも、勤勉に励むことで生まれる。

一〇軒くらいの小さな村でも、孔子のような誠実で正直な人は一人くらいいるが、孔子のような学問好きは、なかなかいないと『論語』にあるように、ずっと学問好き、勉強好きであることは難しい。

しかし、学び、勉強に励み続けないと、年をとるにつれて、人生は悲しくなっていくものであることを知るべきだ。

学問と勉強を好んだ孔子が、自分の一生について語った、『論語』の中の有名な文章がある。「私は十五歳で学問を志し、三十歳で独り立ちする自信を得、四十歳であれこれと迷わなくなった。五十歳で天命がわかり、六十歳で何を聞いても腹を立てず素直に聞けるようになり、七十歳で何をやっても道をはずさなくなった」というものである。孔子は七十歳過ぎまで生きた。

一方、江戸時代を代表する儒学者であった佐藤一斎は、次のように学問、勉強の重要性を説いている。「**少年のときに学んでおけば、壮年になってもよい仕事ができるようになる。壮年のときに学べば、老年になっても実力が衰えずさらに重要な人物となる。老年になって学べば、ますます人のために役立ち、死んでもその名と魂は朽ちない**」。佐藤一斎も長命で八十代後半まで生きている。

吉田松陰がこの文章を書いたのが二十代初めで、死んだのは三十歳。短い人生であったが、孔子や佐藤一斎に劣らないほどに学問、勉強に精を出し、その名と魂は日本に永遠に残るものとなった。生きている限り松陰のように勉強せずにいられるものかと思う。

65

本を読み、昔の偉人を、先生、友達としてつき合い学んでいこう

人たる者、古今に通じることがなく、
また昔の偉人を師としないようではいけない。
読書をし、その中の立派な人物を友として、
交わり学んでいくようにしないと、つまらない人物となる。

吉田松陰は本を通じて真剣に昔の偉人たちと会話し、交わり、自分を省みている。

これこそ読書の醍醐味であろう。

松下村塾は山口県萩の山のふもと（松本村）にある。本当に田舎の何もないところである。しかし、その心意気はすごい。松下村塾の壁に次のように書いてあったという。

「松下陋村といえども、誓って神国の幹とならん」

つまり、**松本村は田舎のひなびた村にすぎないけれども、必ず日本の幹のようになる**、というのだ。また、松陰は次のようにもいった。

「天下の草木を生み出していく人は必ず私のもとから育っていく」と。

それを本当に実現していくことができたのは、松陰の教える読書法にも理由があった。

本当に孔子や孟子と語り、楠木正成や大石内蔵助と交友した。あるときはナポレオンと話し、豊臣秀吉、徳川家康と論争したこともあったろう。こんな読書、勉強をすれば私たちだってどんどん大きくなれるだろう。

66

重要な問題は、日ごろから考えておこう

重要な問題は、日ごろ時間のあるときに、

じっくりとあれこれ議論して、よく考えておかなければならない。

問題が起きたときに、あわててもろくなことはない。

148

吉田松陰のアメリカ渡航（黒船乗船）計画も、突然考え出したものではないのであろう。

つまり日本を外国の侵略から守るためには、**外国の進んだ文化、文明、学問、技術を学んで取り入れて、日本らしいものとし、国力を蓄えなくてはいけない。**そうしないと真の独立は守られないと考えていたのである。

現在も、日本に外国が実際に侵攻してきてから、どうすればよいか考えればいいという人もいる。憲法第9条があるから大丈夫という人もいる。これらは幕末の老中、阿部正弘が、黒船危機をどう乗り越えるかの意見を広く日本国民に求めたときに出た、ちまたのオジサンの意見と変わらない。

重要なことは、そのとき考えればよい、それまで目をつぶっておこうというところは、日本人にある欠点だが、そんなところは昔も今も変わらないことを示している。

それではいけないのではないかと、吉田松陰の教えは今も厳しく私たちに問うている。

67

本は批判的に読め

『論語』や『孟子』などの素晴らしい古典などを読むときに、

一番気をつけることは、その書の内容に媚びへつらわないことである。

自分の考えを練りながら批判的に読むべきである。

吉田松陰は孔子、孟子などを尊敬し、その古典をむさぼるように読んだ。また、幼いときから父や叔父から徹底的に古典の教育を受け、体に叩きこまれた。

その松陰が、地元、萩の牢獄に入ったとき、囚人仲間と勉強会を始めた。

それぞれが、代わる代わる得意な分野の師となり勉強した。

松陰は、大好きで、かつ尊敬もしていた『孟子』をやった。

その勉強会の論評を中心としてまとめ上げた『講孟箚記』は、『孟子』に勝るとも劣らない名著とされている。

その書き出しは、何と、「孔子、孟子などの古典を読むときに一番気をつけなければならないことは、孔子、孟子などにおもねらないことだ」というものだ。

その心意気を見よ。

自分の頭で考えて、その教えと格闘しながら自分の考えを練っていく。つまり本を批判的に読むことで、その本の内容が何倍も自分のものになる。これは、**すべて能動的、主体的に生きよ**という松陰の教えにつながるものである。

68

読書というのは、その本の要点となる大事なところを理解し、自分のものとしていかなくてはならない。

吉田松陰は生まれて物心ついたころから、父やおじに徹底的に古典を読まされた。

そして、本好き、読書家となった。

しかし、松陰が本当にすごいのは、ただ読むだけ、ただひたすら感心するだけの学者とはならなかったところだ。すべての読書が自分を磨き、実践に役立たせるためにあったのだ。

読書は、それぞれにやり方があるのだろう。だが、松陰には人を変え、世の中を変えていかなければならない使命があった。

それを実践できる自分をつくり上げていかねばならなかった。

だから人の話を聞き、事物をよく見て考え、読書に励み、自らを磨きに磨いた。

その読書は、要点、ポイントを理解し、書を写し、自分の考えを練るためにあった。

本の内容は自分のものにしないと意味はない。なぜなら実践していくためだからだ。

桂小五郎への手紙の中でも、国のために読書をして下さいとある。あくまでも「読書イコール、自らを磨き実践すること」というのが吉田松陰の考える読書である。だから、どんどん本を面白く読んで理解し、身に付けていったのだ。

69

本を読むだけではだめだ。大きな視野を持て

今の人は、視野を大きく持てない人が多く、

小さなことばかりを論じている。

この欠点は、読書をして満足する人にとても多い。

このような人の特徴は、剛健な態度、剛直な見識はなく、

忠も孝もない。

友人に対して信義がなく、行いを恥じることも知らない。

自分のやるべきことは何かを、

大きく考えるようにしなければならない。

吉田松陰が、弟子たちに「正しい狂気を持て」、すなわち**「視野を広く持ち、自分が何としてもやるんだという熱い思いを持ち続け、そして実践し続けよ」**といったのは、ややもすると読書を好み、勉学に打ち込む人は、目の前の出世ばかりが気になってしまい、大きな視野が持てずに正しいことに力強く挑戦しなくなる人が多いことを心配したからだ。

本を読むことは悪いことではない。視野を広げ、人格を高め、物事を実践していく、実現していく知恵を身に付けていくにおいて不可欠なことともいえる。実際に松陰は、時間さえあれば読書に打ち込んだ。

しかし、それはあくまでも、正しいことを実践していくためであった。ただの本好きでは全く意味がないと考えた。どこまでも実践の人であった。

世に本好きは多いが、その目的が小さくなってしまう人も多いのだ。やはり、目の前の出世より、世の中に役立つため、友人、仲間を助けるため、より強くなるための大目的を持って読書をしていきたいものである。

70

毎日、勉強を続けよう

山の中では、人が通ればすぐに道ができる。

しかし、通らなくなれば茅や草が生えてすぐになくなってしまう。

人の心も同じである。

だからこそ日々新たに基礎となる勉強をくり返さなければならない。

どんな剣の達人になろうと、日々剣を振り、鍛えなければ、勝負に勝てなくなる。

宮本武蔵も毎日の基礎練習の継続が大事だと説いていた。

同じく、人の心も、勉強もそうで、続けていないと山の中のやぶと一緒で、道など

すぐなくなると吉田松陰はいっている。

小さな一歩かもしれないが、この**一歩一歩が道を開き続け、人々に役立つ道となり、**

やがて目的地に着けるようになる。

逆にいえば、たとえ誰も通ったことがなく道がないところであろうと、自分が強く

決意して歩み出し、毎日これを続ければ、道は開けるということだ。

世に事を成す人とはこういう人である。今までに誰も成していないことをやり始め

れば、人は変人、狂人、好き者、がんこ者などと陰口をたたくことが多い。

しかし、しばらくすると、皆この便利な道を利用し始めて、大した人、やっぱり何

かやる人だと思ったと感謝するようになるのだ。

71

二十代は死にもの狂いで勉強と仕事に励め

人は大体、十歳前後から四十歳ころまでの三十数年間は、

勉強に励まなければならない。

その中でも二十代の十年間は、

死にもの狂いで勉強と仕事に励むべきである。

大体、人は二十代の過ごし方で決まることが多い。

二十代で世の中に出て、仕事を始め出すからである。この最初の十年、つまり三十歳までの仕事への取り組み方で、大きな仕事を与えられるほどの人物かどうかを判断される。また本人としても、どのくらいの仕事に挑戦できるかがわかってくる。このときをいい加減に無為に過ごす人は一生うだつがあがらず、使えない人となる。中には五十歳を過ぎてから大成する人もいるのではないかという人もいようが、そういう人は二十代から、目立たないけれども、一生懸命に勉強し、仕事に打ち込んできた人である。

吉田松陰自身は、四歳のころから死ぬ三十歳まで、休むことなく人の何倍も勉強した人である。そんな松陰も、十代から四十歳くらいまでは勉強を続けるべきだが、その中でも二十代が大事だといっている。

少々の無理をしてでも、自分の仕事の基礎、人間の基礎をここで鍛えてほしい。すると、三十代、四十代、五十代、六十代と、その年代に合ったよい仕事ができるようになるだろう。

72

人は皆、怠けてはいけない。教えなくてはいけない

およそこの世に生まれてきた者は、

身分、性別などにかかわることなく、

一人として怠けてぶらぶらしていてはいけない。

また、一人として教えなくてよいという人もいない。

ここでは、吉田松陰の考え方の二大基本がよく示されている。

一つは、**人は、生きている以上、勉強し働け**というものである。何もしないでブラブラすることほど人として許されないことはなく、その人にとっても人生はつまらなくなる。人は生かされているのであるから、何もしないでよいことはあり得ないということだ。

また、第二に、**人は誰でもその人に向いた面での才能がある。これは、教育し、指導されることで導かれ、役立つものとなる**というものだ。だから教えないことは、その人にとっては学ばないことになるので、いかにももったいないことになる。国家の損失とともにその人にとってチャンスがなくなることになる。

松陰によると、人は勤勉に努力すれば必ず立派な人物、世の中に貢献する人物になるという。

自分はどうせだめだろうとあきらめがちになっている人に、松陰の教えは劇薬のように効く。狂ったように覚醒し、そして結局、立派な人物となる。

73

人によく学び、自分でよく考える

心ある立派な成長をしていく人が道に志した場合、

学問に励み、また、それを考えるものである。

例えば、昼に人や仲間と学び、夜はよく自分で考えるのである。

考えれば考えるほど得るものがあり、

学べば学ぶほど行うべきことが出てくる。

人によく学ぶことと、自分でよく考えることの両輪があって人は正しく賢くなるのだということを吉田松陰は教えている。どちらか一方だけだとよくはない。

孔子も、「教わるばかりで自ら考えることをしないと本当の力はつかない。自分で考えるだけで先達や他者に広く学ばないと狭い考えに陥り、危険このうえない」と言っている。

また不思議なもので、一緒に学ぶ仲間がいると、勉強も捗るものだ。自分の考えをぶつけ合ったり、先生が教えることでよくわからないところを教え合ったりすることは楽しいものだ。そうやって刺激し合うことで上達も早くなり、レベルも高くなる。

福沢諭吉の『福翁自伝』を読むと、この勉強仲間、同塾の友がいることのありがたさがよくわかる。あの個性の強い福沢が、オランダ語の次に英語の勉強をしようとするとき、仲間がいないと捗らないと考えていたところが興味深い。

松陰もこのようにして学び、自分でよく考えたことをすぐに実行するということで次々と時代を切り拓いていった。

74

賢者は歴史に学ぶ

物事には、一を知って百を理解すべきことがあり、過去に学んで未来を予測すべきことがある。

ドイツを統一した鉄血宰相ビスマルクは、「賢者は歴史に学ぶ」と言った。吉田松陰もそう述べていた。何と二五〇〇年前の孔子も「昔に学べ」と教えている。

しかし、今の日本が歴史に学んでいるかというと、はなはだ心もとない。

松陰が、アメリカ渡航（ペリーの黒船乗船）に失敗した後、幕府に反逆しようとしたとの理由で牢に入れられたとき、ペリーの報告書を読んだ。

自分のことが書かれ、褒められていようが、そんなことに惑わされなかった。そして日本の交渉録も併せて読み、「これはアメリカ側の真意が隠され、それを幕府がわかっていない」と見た。松陰は、**きれいごとの表面的な言葉の裏にある、その真意を読み取れ**という。

人を疑うことをあまり知らない松陰だが、軍学者となったとき、その目はさえ、この幕府の交渉下手さを歴史の教訓として残しているのだ。

75

学び方、鍛え方で人は変わるものであることを忘れない

天が人をこの世に送るのは、いつの世も同じであるはずだ。

だから人材は今もたくさんいるのだ。

心は養って強くすべきである。

気持ちよき人を見習って勇敢にすべきである。

この養い方が同じでなかったり、

習い方が同じでなかったりするので、強かったり弱かったり、

勇気があったり、臆病であったりするのだ。

いかに教育が大事かということである。

人は臆病に育つと、一生臆病であるという。これはなかなか直らない。だから日本には昔から肝を強くするための「肝試し」などという野蛮な風習があったのだ。

吉田松陰は志と肝の小さい人間は役に立たないという。だからこそ、親の教育で小さいときから**志や肝を大きく強くしていくことが大切**なのである。

学校に行くようになっても、引き続き志と気力、胆力などを強くする指導をしなければならない。

戦後、松陰のいうこの大事な面の教育が、家庭と学校現場からなくなったのが残念である。

明日の日本のために、心を養い、心を強くする家庭教育、学校教育を考えたい。

もし、それもすぐには難しいとなれば、心ある人だけでも、心と肝を強くするようにしていきたい。

気がついた人は、いつでもいいから自分の心と肝を大きく強くしていくよう、松陰の生涯と言葉を学んでいくのがいいだろう。

76

正しく利益を稼ぎ蓄えておくことと、徳を積むことが大事

利益を正しく得て蓄えておくと、農作物のとれない凶作のときでも、

何とか生きていくことができるし、

多くの人を救って死なないようにすることもできる。

これは、徳を正しく修めていくことで、

人々の心が乱れてしまったときに、正しい道を歩むことができ、

人々の心にもよい影響を与えていくことができることと同じである。

どちらも大切なことである。

吉田松陰は松下村塾で、当時の武士の教育においては避けることの多かった、数学や経済のことも教えた。それは、正しく利益を生んで人々の生活を安定させることの大事さがわかっていたからだ。

企業や商人が正しく事業を行い、利を出しそれを蓄えることで世の中が回る。これは大きな貢献である。二宮尊徳も勤勉に働き、計画性を持って目的をしっかり守って日々働き、節約し、貯蓄することが大切であると指導した。だから尊徳の指導したところでは、飢饉のときも、人々は無事であった。

この松陰や尊徳の教え、つまり勤勉に働き、徳を修めていくことは、明治になってからの日本の資本主義発展の大きな指導原理となった。この考え方なくして日本の発展はない。

今でもこの二つの原理はとても重要なものである。つまり**勤勉に働いて利益を蓄え、徳を積んでいくことが、人類を幸せにし、安定させていく原理**なのだ。世界も早くこのことに気づき、学んでいかなければならない。

77

肝っ玉の大きい人物になれ

豪傑すなわち肝っ玉の大きい人は、
何事も自分で創意工夫して決して他人の真似ばかりをしないのである。

人の真似を全くするなとはいわない。吉田松陰自身、たくさんの人に教わっている。真似するところもあったに違いない。しかし、それは一時のことである。よりよいものを生み出すためにということを決して忘れてはいない。

よく人に学び、よく歴史を勉強し、そして最後は自分で創意工夫しないと、役立つことなどできなくなる。

例えば黒船が来たとき、それまで二〇〇年以上鎖国をし、外国の侵略を許さないという攘夷をほとんどの人がとなえていた。しかし、ただとなえているだけでは日本は守れない。そこで松陰はアメリカに渡航しようとした。師の一人であった佐久間象山や友人の宮部鼎蔵らには相談はしていたであろう。しかし結局は自分で決断し、創意工夫をしている。そこから時代も松陰に引っ張られるように激しく動いたのだ。

肝っ玉の大きい人、創意工夫する人はちょっと狂っているように見えるかもしれない。なぜなら常識にとらわれず、今正しいことは何か、やるべきことは何かを迷いなく実践するからだ。

だから時代もいずれはその人についてくるようになる。

78

教育とは人それぞれの長所を伸ばすことである

もともと同じではない人を同じようにしようなどせずに、

その人の才能のある面を育てていくことに努めるべきである

吉田松陰の教育方針は、**人の長所を見てその面を伸ばしていくことにある**。事実、囚人として野山獄に入っているときも、各囚人の才能を見いだし、それぞれの分野の先生として各囚人の指導にあたらせるという〝奇跡〟のようなことを行った。

また、松下村塾では、当時としては画期的な、生まれや身分を問わずに思想等を教えることを行い、塾生の中から幕末と明治の日本を動かした多数の人材を輩出した。

松陰は、佐藤一斎（松陰が尊敬する儒学者の一人）を槍や剣の達人として育てることは難しいだろうという。今でいえば、たとえば小説家の村上春樹をプロレスラーに育てるのは難しいだろう、ということだろう。

松陰が見た当時の日本の教育は、「今の幣、闔国の人をして皆一斉ならしめんと欲するにあり」すなわち「今の教育の弊害は、全国の人を皆同じように育てたいというところにある」とした。だから、「才ある人が出てこない」と嘆いた。

これは松陰が二十一歳の時の文章だが、数年後に松下村塾を開き、自ら才ある人の育て方を示したのだった。

79

学ばない理由をこじつけるな

学ぶことをしない者の心情には三つのものがある。

一つには、自分は年老いた、

もう一つには、私には才能がありませんから、というもの。

さらにそうでなければ、私は才能がかなりあるので、

学ぶべきことはもう修めてしまって学ぶことはないのだという。

吉田松陰は、どんな人であろうとも、どんな身分でも何歳であろうと、学ぶ人は国の宝であり、それが世のため人のため、そして自分のためにもなるのだといっていた。

しかし、現実は何かと理由をつけて学ぶことをしない人が多いことを残念がる。松陰があげた三つの学ばない理由は、現代の日本においても同じではないだろうか。

一、もう遅すぎる（怠け）

二、才能がない（自信喪失）

三、学ばなくてもできる（うぬぼれ）

という、三つの学ばない言い訳である。

145ページで紹介した佐藤一斎の名言にある「少にして学べば、則ち壮にして為すことあり。壮にして学べば、則ち老いて衰えず。老いて学べば、則ち死して朽ちず」なのである。

生涯謙虚に学ぶ人になりたいものである。

80

読書においては精読、筆記が重要である

本を読む者は、

その精力の半ばを（かなりの精力を）筆記（書き抜き）に

費やすべきである。

松陰は読書の効用をいたるところで説いている。人は書物に学んで、人に交わり教わって、社会でそれを実践しつつ自分をつくっていくからである。

では、その松陰の読書法はどうであったかというと、松下村塾の塾生たちに述べているように、重要な箇所を書き抜いていきながら読むというものだった。当然、読書法としては、良書を選んで、熟読、精読しつつということになる。

現代では溢れんばかりの本が出ているため、速読をすすめる人、また実践している人もいる。ただ、読書の基本はやはり熟読、精読、そして書き抜きである。

本の中から、学ぶべきところ、覚えておきたいところ、何度も読みたいところを書き抜くことは、一つは著者と一体となって考えられることと、自分の思いを練ることの二つの利点がある。さらに付け加えるなら、自分自身が文章を書くにあたっての大きな力となってくれるのである。

松陰の文章の強い説得力は、この筆記（書き抜き）読書法にも負うところが大きかったと思われる。

81

正しい生き方（道）を知るために、死ぬまで学び続けよ

およそ学問の道は「死ぬまで続けるべきもの」だ。

もしまだ死なないうちに途中でやめるなら、

今まで得たものはすべて捨てることになる。

学問とは、進まなければ必ず退くものである。

したがって、日に進み、月に進み、そしてついに死んで

後悔しないことではじめて学問といえるのだ。

まず、学問、勉強というものは、死ぬまで続けるべきものである。途中でやめると
いうことは、それまでのものを捨ててしまうのと同じようなものだと、吉田松陰はい
っているのだ。

それほど正しい道、正しい生き方を身につけることは難しいのである。

学問、勉強というのは進めば進むほど、自分の至らなさがさらに見えてくるもので
あることもわかるであろう。

ただ、学問、勉強において重要なのは、どれだけ時間をかけたということではない
ことに注意しなくてはいけない。あくまでどれだけ正しい道、正しい生き方をできる
ようになったかが最も大切なのである。

なお、論語の中に有名な「朝に道を聞けば、夕に死すとも可なり」という言葉があ
る。朝に人の生きていくうえでの正しい道がわかったなら、夕方に死んでも思い残す
ことはない、ということである。

松陰の言葉と合わせて覚えておきたい。

至誠なはなし　　　維新の志士を多数輩出した松下村塾

はじまりは叔父の私塾

　松陰の叔父であり兵学者でもあった玉木文之進が、1842年に長州藩の萩城下にあった松本村（現在の山口県萩市）に設立した私塾が松下村塾のはじまりだ。

　松陰は1855年に実家である杉家に蟄居（謹慎）させられた際、杉家を改修して、翌年に叔父から引き継いだ松下村塾を主宰し、塾生を受け入れた。武士や町民など身分は関係ないという当時としては画期的な塾生の受け入れ方をした。松陰が指導していた期間はたったの2年半ほど。その間に、後の明治維新や明治の新政府で活躍する久坂玄瑞、高杉晋作、伊藤博文、山県有朋、木戸孝允ら約90名の面々が集う塾となった。

授業は講義ではなく討論スタイル

　塾では、松陰が講義を行うというよりも、塾生どうしの討論や、1つのテーマを塾生たちで討論する形式が多かったそうだ。松陰も討論に参加して、逆に塾生から教わることもあったという。校則のようなものや時間割などなく、塾生が集まって勝手に討論が始まって授業的なものがスタートするという、それぞれの自主性を重んじた方針を松陰はとっていた。

道義

great person
SHOIN
YOSHIDA

82

国は人次第

国における人というのは、水の水源、木の根っこである。

これがなければ水は枯れ、木も枯れる。

人がだめになれば、国は滅亡していく。

千年以上にわたってヨーロッパに君臨し栄えたローマ帝国が滅亡したのは、ローマの人々が向上心というか覇気をなくし、退廃したからだという。

栄えれば衰退するというのは、世の習い、道理である。なぜなら、盛んになると人は必ず努力することを忘れ、緊張感をなくしてしまうからである。

イギリスの歴史家であるトインビーは、他文明の挑戦に対して応戦しなくなった文明は滅びるのが人間の歴史から証明されるというが、同じ趣旨だろう。民族の神話教育が必要な理由もそこにある。トインビーは、神話教育を忘れた民族は滅びるともいっている。

だから危機感、精神の緊張感が国民に必要なのである。

国の大本は国民であり、国は、その国民はどのようにして生まれ、何を大事に生きていくべきかを伝えていかねばならない。

そのことを吉田松陰は説いて、実践した。松陰に教わった者は皆、民族、国家のために誇りを持って体を張った。そして自分の人生を最高に生きたのだ。

83

本当の友、仲間には言うべきことは言え

およそ人と交際するにおいて大事なことは、

相手に対し許せないこと、怒るようなことがあれば、

ただちに遠慮なく、自分の信じるところをもって、

指摘し、戒め、指導すべきである。

これが本当の友人、仲間とのあり方である。

吉田松陰は遠慮などしない。思ったことをそのまま言う。特に友人や仲間、そして教え子たちに真っすぐ忠告する。そして、その後は、その忠告で改めてくれれば青空のようにカラッとしているし、自分が誤っていたとしたら心から詫びる。

友人、仲間となると、相手に気を遣ってばかりで、空気を読んで、流されることが多い。これでは何のための友人、仲間かわからない。

松陰は、共に夢や目標に向かって進み、志を実現するための友人、仲間、弟子たちの存在を忘れてはいけないと考えた。また、血気にはやる真似はいけないと弟子たちに忠告することもあれば、逆にあるときは「先生、無謀な行動は今控えてくれ」という内容の、高杉晋作や桂小五郎たちの血判状が来たりもした。

松陰は、これで一時絶交だとしたが、やはりお互いに心情がわかると心から尊敬し合ってその志の実現に向かっている。

日本のために、事を成すために動こうとする人は、ただひたすら狂ったと見えるほどに前を向いて進む。すると必ず奇跡は起きるのだ。

84

多くの人がいる組織での態度とは

多人数の中にいると、

自然と、自分と気性の合わない人がいるであろう。

しかし、これは大抵、私心から起こることで、

お互いに認め合い、隔てをなくすように心掛けることが大切である。

また、先輩を敬い、後輩を正しく導くという、

礼儀と心の寛容さがなくてはならない。

小さいことで張り合うのはつまらない。

世の中では、すぐに派閥を作ったり、先輩後輩のけじめにうるさすぎたりする人を
よく見かけるが、そういう人は「小さい小さい」と吉田松陰はいう。

なぜそんな小さな私心私欲で張り合うのか。他にやることがあるはずだ。**もっと大**

きな心で、大きな志で物事を見なさいと教える。

もちろん先輩や他人への敬意というのは忘れてはいけない。しかし、それもあまり
気にし過ぎてはいけない。物事をうまくやっていくには、先輩、後輩の垣根を越えた
協力が必要だからである。

もし、悪さをする小者がいても気にしないことだ。少し我慢をすればいいだけだ。
いずれそんな人も頭を下げて、あのときはすまなかったといってくるだろうが、

「気にしないでください」と言ってやればいい。

松陰は牢獄に入っても一目置かれた。やはり気宇の大きさがとてつもないのだ。牢
の中で威張っている者も松陰の前では小さかったそうだ。

85

人の悪口など気にするな

多くの軽薄な者たちが、口うるさく私の悪口を言うが、

全く気にしない。

そんな悪口は聞き流し、いっそ眠りでもして、

昔からの真の友人と夢の中で語り合うのが楽しい。

軽薄なつまらない人間ほど、口うるさく人の悪口を言ったり、批判をしたりする。

若いときは、いちいちその言葉に腹を立て、見返してやりたいと思いがちだが、いかにも時間と労力がもったいない。

昔の武士は、人の悪口や批判を許さず、命にかえても取り消させようとしたところがある。

例えば、『葉隠』を読んでも、そのあたりの意地があることこそ武士の生き方というところが伺えて面白い。

しかし、吉田松陰はその上をいっている。大事なのは天下国家をどうすべきであって、そんなつまらない陰口や批判にかまっている暇はないと思っている。若くして、もうその境地に至っている。

そんなつまらない悪口を聞いているくらいなら、いっそ寝て、好きな人、信頼できる人と夢の中で語らうほうが前向きでためになるという。

確かにそうだ。**人のつまらない悪口、批判は取るに足りない。そんなのを気にするほうがおかしい。もっとやるべきことがたくさんある人生ではないか。**

86

友も大事だが、大きな目的はさらに重要である

例えば、世の中の動静をどうするかなど、

いわゆる国事のことなどは極めて重要なことである。

こうした大事に貢献しないのであれば、

友達を得たとしても喜ぶことのほどではない。

また、友達を失ったとしても、嘆くゆとりなどない。

大きな目的、仕事を、決して忘れてはいけない。

友達、仲間は重要である。

吉田松陰は、「**徳を身に付け、才能を伸ばし役に立つ人材になるのは、師と友によってなされる**」ともいう。

だから師や友というのは、「**じっくり選べ、誰とでもつき合うな**」という。

こうしてみると、松陰が言いたいのは、友達や仲間ありきではなく、まず自分が何をやるのかということをしっかりとさせ、それに邁進することが大切であるということである。

その中で、貴重で素晴らしい、あなたに必要な友人、師といったものも現れてくるはずだということになる。

目の前にいる人が真の友人かもしれないし、そうでないかもしれない。友人ができた、ケンカして別れたとあまり大げさに考えるより、自分の目的遂行に打ち込んでいくほうが、結果的に、より自分にとってかけがえのない友人、仲間ができてくるということであろう。

87

人と人のつき合いは何をもってするべきか

師と弟子、友達同士など、人間と人間は、
それぞれの徳を見てつき合うものである。
地位や権限など余計なものでもってつき合うのは筋違いだ。

それぞれの徳というのは人間的魅力のことだろう。

日本はだんだんに吉田松陰のこの教えが浸透していく社会となった。

今、役職が上だからとか、お金持ちだから、はたまた代議士だからといって偉そうにする人がいたら、まさに時代錯誤のバカである。

しかし、一歩、日本の外で仕事をしてみるとよくわかるが、世界はお金持ちか否か、エリートかどうかで人のつき合い方が違うのである。

チップ、ソデの下を多く支払えば、何とでもなるのがそんな社会の仕組みである。

しかし、それはおかしい。視野も狭くなり、人間的魅力にも限界が生まれる。少なくとも、私たち日本人の間ではそんなことを許してはならない。

同じ人間だ。

その好き嫌いや、尊敬の有無は、ただ徳の違いにある。

徳や心が最も大切なのだ。

88

人は生まれ育った土地とともにある

地を離れて人はない。人を離れて事はない。

だから人のことを論じるのであれば、

必ずその地理のことから始めなければならない。

人は生まれ育った土地とともにあるもので、

これを無視して論じてはいけない。

ある人が言った。「マルクス主義はキリスト教文化から生まれた一神教の流れのもので、だから共産主義以外の価値は何も認めない。独裁主義となり、日本の八百万の神、いろいろな生き方に価値を認める思想に全く反するものである。つまり日本の土地に合うものではない」と。

なるほど、人はその土地に結びついて生まれ育つから、これは説得力ある意見であると思う。とはいえ、自分の生まれ育った土地だけを見るのではなく、広く他の土地と人間をよく知り、学ぶことは、人物を大きくするために必要なことと吉田松陰は述べている。ただその際も、**その土地と切り離して人を見てはいけない**と注意もする。

これはまだ科学的に証明はされていないと思うが、"身土不二"なる考え方も提唱されている。つまり健康や体のことを考えると、生まれ育ち、自分の体を創り上げたその土地の水や農作物、水産物を食べるのがよいというものだ。逆に、そこに昔からあった食べ物を見ると、その人も見えやすい。

なるほど日本食を食べる人々は偏りが少なく、価値の多様性を認め、人の意見を尊重し、普段はおとなしく、やるときはやる人たちである。

89

普段気をつけておきたいこと

普段において注意しておきたいことは、

① 他人の妨げをしないこと、

② 無礼なことをしないこと、

③ しゃべりすぎて失言しないこと、

である。

情熱がある人、それも正しい道を歩もうとすることについて勇気と熱意ある人（正しい狂気のある人）は、この世の宝である。宝で貴重であるからこそ、気をつけてほしいのだ。つまらないことでつまずいてほしくはない。

その点、吉田松陰も同じで、教育者として気をつけてほしいと思うことを、ここでは三つあげている。

一つは、**他人の妨害をしない**ことである。いくら正しいことをやるにおいても、自分の名誉を考えて行動してはならないのはもちろんのことであり、自分の功を焦ってはならない。

第二に、**礼儀を守ろう**ということだ。礼儀は今や日本でのみ人々に浸透している。この日本の美点は失ってはならない。

第三に、よく松陰がいうのが、とにかく**しゃべりすぎるな、**話すぎるなということである。話すとエネルギーが減っていくとする。また、口のうまい人に真心はあまりなく、実行力もなくなっていくという。

90

自分に与えられた役割、仕事に打ち込もう

人はそれぞれに自分に与えられた役割、仕事があって、
それを越えて、あるいはその役割、地位がなくなっているのに、
あれこれ手を出したり、願ったりするのは見苦しい。
人としての生き方が間違っている。

吉田松陰は、人は「自分が国を背負うのだ」という気概を持てという。その上で、自分に与えられた役割、仕事に打ち込もうと述べる。これはどういうことなのか。

松陰が言いたいのは、チーム、組織において、一人一人が自分の役割、仕事に打ち込まないで、大きなことばかり言っていると、結局、その人は何もできないことになるということだ。

やはりやるべきは、何を置いても、自分の役割、仕事である。 その仕事ぶりから、さらに違った大きな役割を与えられることはあるし、そのときは、より大きな役割に没頭しなければならない。

また、自分の役割、仕事をきちんとやるにも、常に国や社会のありようを考えている必要がある。そうしてはじめて自分の役割、仕事もうまくできる。

逆に、その役割、地位、仕事を辞め、退いたのに口を出し、自分の利を考えて影響力を行使するようなことは、組織やチーム、そして社会にとってもよくない。天下りや名誉〇〇とかがよくないことは、このことからもいえる。見苦しい生き方である。

91

どんな人でも才能はある。その才能を生かしていこう

思うに、徳があまりないつまらない人でも才能が必ずどこかにある。

その才能を使う必要がある。

ただ、その悪い面が出るのを許してはならない。

今、大きなことを成し遂げようとしていくならば、

徳のある立派な人も、徳のないつまらない人であっても、

すべての人の才能を活用すべきである。

リーダーには徳のある立派な人物になってほしいが、リーダーだけで物事は成し遂げられない。

徳のまだ少ない人であっても、ある面では必ず才能があるはずである。そうした才能を集めることによって、大きなこともはじめて成功していくことができる。

問題は、徳のない、悪い面のある人だが、その**悪い面が発揮されないようにすることである。**

中国古典の兵法書で有名な孫子は、組織をまとめるために必要なのは、トップリーダーの徳とともに組織全体の信賞必罰だと説いた。規則、ルールを公正に適用し、やっただけのごほうびをケチらずに報酬として出すようにしなくてはならない。

それと同時に、徳を磨き、努力し勉強していく向上心のある人に対しては、チャンスと正しい評価を与えていくようにしたい。

より多くの人の才能を結集できるかどうかが、事業の成否にかかわるといえる。

92

昔から、議論は簡単なものだが、

実際に行うことについては難しいものだと決まっている。

いいことをぺらぺらしゃべってばかりではしょうがない。

実際にやることをよく考えよ。

勉強のための議論はよいと思うが、何をするか、どうするかの政策や仕事の議論は、**ほどほどにしないと、間違った方向に行きやすい。**

全く議論するなとはいわないが、議論のための議論になることにならないように注意が必要で、そのためのルールもきちんと作っておくとよいだろう（一日一回とか、週一回とか、最終決断はトップの権限とか）。

そうでないと声の大きい者や無責任な者、つまり実際にやることを考えない、実践に向いていない、口だけの正論が勝ってしまうからだ。議論より実際にやることのほうがはるかに難しいのは昔からわかっているが、口だけだと何でも言えてしまうものだ。

例えば、世界一を目指す、一億円企業が一〇〇〇億円企業になる、従業員全員に一億円の報酬を与える、あるいは、戦争のない世界の実現を信じ、外国の正義と誠意を信じ、軍隊もミサイルも銃もいらない、とかである。

具体的にどうすれば本当にそうなるかを示して、実行できることを議論すべきだ。議論になるとペラペラ人間、無責任人間が必ず出るから注意せよと松陰は述べている。

93

徳を身に付けないかぎり、真に目標は達成できない

困難極まりない状態を、耐え抜き、

そして目的を成し遂げていくために必要なものは何か。

それは徳しかないのである。

徳とは何だろうか。

徳とは、人として身に付けるべき理想の人格のことである。

具体的には、自分のことを越えて、人のために、社会のために思いを寄せて、実践していける性格のことである。

吉田松陰が学んだ東洋思想、特に孟子においては、もともと人は善性を持って生まれてくるという。しかし、それが世に出て間違ったことを身に付けてしまいがちとなるので、人は勉学に励んで、その善性を取り戻し、徳にまで高めていかねばならないとしている。

国際政治、外交の面では、まだまだ難しい面があるが、世の中で成功していくには、この徳があるかないかが決め手となるのは日本も西洋も同じである。

なぜなら、人は一人では何もできず、成し遂げられるものではないからだ。だから人のために動ける人、他人を幸せにする人が、目的を成し遂げられるのだ。すなわち、徳が身に付いているかどうかが大切なのだ。

94

本物のリーダーに必要なもの

志のある本物のリーダーになるためには、

いつの世も変わらぬことがある。

それは、見聞を広め、人々の意見を聞くことである。

具体的には、広く賢者と交わり、広く読書をすることであろう。

吉田松陰は、リーダーのあり方としての**要点は見聞を広めておくこと、人の話をよく聞いてよいところを取り入れていくこと**の二つをあげている。そして、そのために最低限必要なこととして、賢い人と交わり、読書をせよという。

これは単にリーダーの心得というより、私たちみんながそうあるべきで、ただリーダーたるもの、この心得を肝に銘じよということであろう。

つまり一個人の考え、知恵などには、どうしても限界があるため、人の話をよく聞き、見聞を広めなければならないのだ。

もちろんリーダーたるもの〝決断〟がとても重要である。しかし、その決断はいい加減なものであることは許されない。リーダーは多くの人のために存在するのであるから、その決断をしていくためには、多くの知恵を集め、できるだけ間違いのない方向に行く努力をしなければならない。

人の話をよく聞くことができず、本もあまり読まない人は、自らリーダーを辞めるべきなのである。

95

論争に勝つ人が優れているというのは間違い

世間一般の人が、あることについて議論をするとき、

わかっていない人は議論の勝敗の結果を見、

深く物事を考えるできた人は、

そこに誠実に物事を考えている人かどうかを見るのである。

論争において一番重要なことは勝ち負けではない。

ややもすると、**世間一般では論争に優れている人をできる人と思いがちであるが、そうではない。**

一時の論争に勝つコツは、できもしない、やりもしないことを、堂々と言うことである。無責任であるなら何とでも言える。だから勝つことが多い。あるいはウソの証拠を出して（捏造して）、煙に巻く。

日本人は元来、吉田松陰のように議論に勝つかどうかより、その重要な問題について誠実にどうしようかと考え努力する人に価値があるとした。

ところが戦後、どうしたことか一部マスコミ、学者などの中に、日本の歴史や日本人をおとしめるためのねつ造報道をする、外国の手先のような人が出てきた。

報道も教育も、世の中をよくするために存在する。松陰が一番大事だという誠実な態度こそ思い出してもらいたいものである。ある結論に導きたいがために何でも言ってやろうというのは最低のことだ。

96

お金や地位で人を見ると、視野の狭い、つまらない人間となる

貧乏や地位の低いことをもって、人を軽蔑する者は、
必ずお金持ちや地位の高い人にこびへつらうものである。

お金は必要なものである。また便利なものである。お金を多く持っているかどうか
で、人生の送り方もずいぶん違ってくるのは事実だ。

だから吉田松陰も、利益の上げ方、お金の使い方などに関心がないことはなく、経
済学的なことを松下村塾の授業として取り上げている。

また、江戸小伝馬町の牢内でも、それなりの存在であったため、何かとお金がかか
ったが、高杉晋作に頼んでお金の工面をしてもらった。そのお金で松陰の面子も何と
か保てたのである。

しかし、だからといって、お金のあるなしや地位のあるなしで人を見たり、人の接
し方を変える松陰ではない。

時の老中であろうと、つまらない奴はつまらない奴とし、天下の嫌われ者の牢獄仲
間でも、その人によいところがあれば心からのリスペクトをする。

**お金や地位についてのこうした態度が、実は、必要なお金はいつも何とかなるもの
だという不思議な力を有することにつながるのだ。**

97

他人を責めない

心ある立派な人、そして成長していく人は、

他人の罪を見つけて、他人を責めることで、満足する人ではない。

人のよいところを見て伸ばそうとする人が、伸びていくのである。

吉田松陰は、日本の歴史上に現れた、理想の、奇跡のような教育者である。

私たちは、どうしても他人の欠点が目について許せなくなる。

他人の悪口を言うことは、ストレス解消になることもある。

ただ、一般人はこれでいいが、人を教育して大きく伸ばす教育者や、自分が大きく伸びていき、事を成そうとする者はこれではいけない。人の罪や欠点を見つけて喜んでいてはいけない。

というのは、人には必ず欠点があり、知らずに罪を犯すことも多いからだ。しかし同時にその人には長所もある。

その**長所を伸ばしていくのが教育**である。その長所をそれぞれの人が出し合い、その力が活用され、大きな仕事が成就するのである。

だから、他人を責めることが好きな人は教育者やリーダーには向いていない。大きな事を成していこうという人は、他人の美点を見るようにしなければならない。

98

上に立つ者に徳がなければ、人は従わない

自分自身がしっかりとした徳でもって人を導いて、

その人の徳を明らかにしていく人は、賢者であり、

必ず物事もうまくいく。

しかし、自分自身が愚かな人間で徳もなく、

人の徳も導いてやれない人はだめな人間というべきで、

必ず物事もうまくいかない。

上に立つ者であれば、このことをよくわかっていなければならない。

徳がある人が上に立たないと物事がうまくいかないのは、古今東西同じである。

経営学の権威だったドラッカーも、組織がうまく機能し、目的を遂行できるのは、結局リーダーの徳が決め手となることを述べている。

でも、この徳というものが、目に見える点数で測りにくいことだ。今の日本難しいのは、この徳というものが、目に見える点数で測りにくいことだ。今の日本でも、官僚、公務員は、某国立大学の卒業者が中心となっており、その試験の点数などによって地位が決められているという噂もある。何かよい方法はないのかと思ってしまう。

願うのは、**地位を得た人は徳のあることを自らのテーマとして修業してほしい**ということだ。

民間であれば、トップは徳のある者をリーダーとして引き上げ、徳を磨くことを課してほしい。

徳とは人間としての理想の人格であり、他人を思い、何よりも国、地域のために尽力していける人の有様をいう。

99

トップは心を定め、しっかりせよ

大将たる者、心を定めてしっかりとしなければ、
どうにもうまくいかない。
もし大将の心がふらふらとしているようでは、
その下にいるリーダーたちもいくら知恵や勇気があっても、
生かされ実行されなくなる。
いくら百万の強い兵や素晴らしい人たちがいても、
何事もうまくいかなくなる。

日本人にとって一番苦手なのが、大将としての資質ある者をどう育成し、その地位につけるかであるようだ。第二次世界大戦においては、下士官の優秀さでは世界一、将校は二流、大将は三流とされていた有様であった。

アメリカとの戦争も、マスコミにあおられ、アメリカ、ソ連の情報戦にやられ、先の見えない戦闘に突入させられた感がある。名将といわれた山本五十六も、真珠湾攻撃やミッドウェー海戦で戦略を誤り、大局を見誤ってふらふらしてしまったようだ。

日露戦争においては、吉田松陰の教えを受け継いだ児玉源太郎や乃木希典、あるいは西郷隆盛の弟分たる大山巌や山本権兵衛、東郷平八郎が大将として、心を定めてしっかりとした決断で戦うことができたといえる。

日露戦争の大将たちは、しっかりした武士道教育によってその地位についたが、太平洋戦争では試験の成績でその地位が決められることもあったそうだ。

大将はペーパー試験の点数だけで決められてはならない。決断力、大局観のある人を選ぶべきだ。

100

才能を生かす人を得よ

ああ、私は、世の中に才能のある人がいないことを憂うのではない。

才能ある人をうまく用いていないことを憂いているのである。

大きな視野と正しく見る目があり、

気概あふれた大きな志の人が上に立ってこそ、

才能ある多くの人が生きるのである。

私たち日本人の最大の課題は、上に立つ人を得ることではないか。

私たちは、それぞれに才能を有している。そしてチームや組織において人と協力して、大きな仕事を成し遂げるだけの力はある。あとは、その人々の才能を生かせるリーダー、トップを出していくことが大切である。

では、どういう人がトップやリーダーにふさわしいのか、松陰の考えを見てみたい。

第一に**志の大きい人**である。

第二に**熱意が強い人**である。外には出さないが内に秘めた熱意は、狂わんばかりのものがある人だ。

第三に、**仁のある人**である。つまり他人への思いやりにあふれた人である。

第四に、**誠の人**である。「事を成すは誠にあり」とは松陰の好きな言葉である。誠実に人々を見て、誠実に目標に向かう人であれば最高である。

第五に、**私心私欲のない人、少ない人**である。

以上の五つの条件を満たす人を得たいものだ。

101

人それぞれの正しく思う生き方がある

何が正しく、何が正しくないかという心は人それぞれにある。

人が自分と違う考えをしているからといって、

どうして自分と同じにしようとするのか。

人はそれぞれ自分の正しく思う生き方をするべきなのだ。

吉田松陰がすごいのは、これだけ熱い思いを持ち、一本道を真っすぐに進むような人が、人に対して生き方を強要していないところである。

もちろん松陰を尊敬する人たちが、行動をともにすることを拒むことはなく、一緒に手を取り合って事に当たるが、それぞれの考え方、生き方に干渉することはない。

政治上の意見は述べるが、反対する者があっても相手に真心があって意見を異にするのであれば、その真心を買う。

この、人の真心を信じ過ぎる嫌いが松陰にはあって、それがために自分をうまく弁護できず処刑されてしまったところはある。しかし、それが日本が変わるための起爆剤となったのであれば、松陰としては本望であったのだ。

ただ、井伊直弼ら当時の幕閣のように、自分や幕府の保身に目を向け、日本をないがしろにする真心がない人は、決して許さなかったのだ。

松陰がいうように、**いろいろ広く学んだうえで、私たちは自分が正しいと思う生き方を堂々と突き進めばよいのである。**

吉田松陰概略

長州藩の下級武士、杉百合之助の次男として生まれた松陰は、6歳のときに親類の吉田家を継ぐ。そして、叔父の玉木文之進に勉学を厳しく叩き込まれ、10歳のときには藩校の明倫館の教壇に立ち、翌年には、藩主・毛利敬親の前で講義をするまでになる。その後、全国各地を旅して見聞を広め、江戸では思想家の佐久間象山らに学んだ。

1854年、黒船で外国への密航を図るが失敗。自首し、江戸から長州萩の野山獄へ送られる。翌年、生家での謹慎処分となり、叔父の玉木が開いていた私塾・松下村塾を引き次いで主宰者となる。この塾からは、高杉晋作をはじめ、久坂玄瑞、伊藤博文、山縣有朋ら明治維新の志士たちが数多く輩出された。

「安政の大獄」が始まり、江戸幕府から危険人物とされた松陰は1859年に江戸の伝馬町牢獄へ送られる。老中暗殺計画を自供していたことで死罪に。享年30（29歳没）。

吉田松陰年表

1830年	1歳	8月4日、長門国萩松本村（現山口県萩市）に杉家の次男として誕生。
1835年	6歳	叔父・吉田大助が亡くなり、吉田家8代目を継ぐ。
1851年	22歳	江戸遊学（諸国遊学）へ。佐久間象山の塾に入門。東北旅行し脱藩。
1852年	23歳	藩より帰国命令が出され、実家の杉家で謹慎。
1853年	24歳	藩主の命で、2回目の江戸遊学に。黒船来航を知り、浦賀で目撃。
1854年	25歳	下田沖にて黒船乗船に失敗し、牢屋へ。江戸の伝馬町牢獄→長州・萩の野山獄へ送還（翌年出獄の許し）。
1856年	27歳	杉家を改修し、松陰主宰の松下村塾を開く。
1858年	29歳	老中暗殺計画を自白し、藩より野山獄へ再入獄を命じられる。松下村塾が閉鎖される。
1859年	30歳	野山獄から江戸の伝馬町牢獄へ移送。10月27日に死罪を申し渡され、斬刑が執行される。

[著者] 遠越 段（とおごし・だん）

東京都生まれ。早稲田大学卒業後、大手電器メーカー海外事業部に勤務。
1万冊を超える読書によって培われた膨大な知識をもとに、独自の研究を
重ね、難解とされる古典を現代漫画をもとに読み解いていく手法を確立。
偉人たちの人物論にも定評がある。
著書に、『時代を超える！ スラムダンク論語』『人を動かす！ 安西先生
の言葉』（すべて総合法令出版）などがある。

※本書は、総合法令出版にて2008年7月刊『通勤大学 図解・速習 松陰の教え』（ハイブロー
武蔵 著）、2014年11月刊『狂気のススメ 常識を打ち破る吉田松陰の教え』（大杉学 著）の
内容を修正・加筆したものです。

 視覚障害その他の理由で活字のままでこの本を利用出来ない人のため
に、営利を目的とする場合を除き「録音図書」「点字図書」「拡大図書」
等の製作をすることを認めます。その際は著作権者、または、出版社ま
でご連絡ください。

運命を拓く×心を磨く
吉田松陰

2023年9月20日 初版発行

著　者　遠越 段
発行者　野村直克
発行所　総合法令出版株式会社
　　　　〒103-0001 東京都中央区日本橋小伝馬町15-18
　　　　　　EDGE小伝馬町ビル9階
　　　　　　電話　03-5623-5121
印刷・製本　中央精版印刷株式会社

総合法令出版ホームページ　http://www.horei.com/